이성과 혼란

이성과 혼란

초판 1쇄 인쇄	2024년 03월 21일
초판 1쇄 발행	2024년 04월 08일
신고번호	제313-2010-376호
등록번호	105-91-58839
지은이	백정미
발행처	보민출판사
발행인	김국환
기획	김선희
편집	조예슬
디자인	다인디자인
ISBN	979-11-6957-149-4 03190
주소	경기도 파주시 해올로 11, 우미린더퍼스트@ 상가 2동 109호
전화	070-8615-7449
사이트	www.bominbook.com

• 가격은 뒤표지에 있으며, 파본은 구입하신 서점에서 교환해드립니다.
• 이 책은 저작권법에 의하여 보호를 받는 저작물이므로 무단 전재와 복사를 금합니다.

이성과 혼란

백정미 지음

고단한 인생, 혼란으로 맛보고 이성으로 치유하다

추천사

　우리는 복잡한 세상 속에서 너나없이 '성공'에 집착하며 그에 따른 조급증으로 앞만 보며 달린다. 그러다 보니 인생의 중요한 순간을 놓칠 뿐더러 성공은커녕 별 영양가 없는 일상만 반복해서 살아간다. 이 책의 저자는 요즘 세상에 한 번쯤은 같이 생각하고 고민할 만한 주제들에 대해서 독자들과 이야기하고 싶어 한다. 그는 세상에 대한 남다른 시선과 시각이 글을 쓰는 데 있어 도움을 주었다고 한다.

　무엇보다 강조하고 싶은 것이 있다면, 이 책에 담긴 글들은 진솔하게 써 내려간 글들이며, 그 과정이 쉽지 않았지만 자신을 돌아보고, 이에 대해 다른 사람들은 어떻게 고민하고 생각하는가를 같이 공유하고 싶어 한다. 하지만 단순히 책만을 많이 읽어서 글을 쓰겠다고 한 것이 아니라 나름의 메시지와 에너지가 녹아내려진 글들을 이 책에 담았다. 즉, 세상살이나 사회 현안에 대한 갖가지 생각을 오래 숙성시킨 뒤, 그것들을 키워드로 삼아 우리가 좀 더 멋진 삶을 사는 데에 도움이 될 만한 삶의 방향을 제시해주고 있다.

편집장 **김선희**

프롤로그

"우리의 삶은 이성과 혼란의 교차점이다"

늦가을이다. 더 정확히 말하자면 겨울의 초입이다. 신성한 이 계절 앞에서 나는 지금까지 한 번도 써오지 않았던 그 누구도 써보지 않았던 어떤 책을 쓰려고 작정하고 있는 중이다. 분명 이것은 새로운 시도다. 그리고 어쩌면 무모한 도전일지도 모른다. 마치 평생을 순결을 지키며 독신으로 살아오던 어느 늙은 여자가 갑자기 뜨거운 연애를 하겠다고 나서는 것처럼 엄청난 일이다. 이성과 혼란에 대한 구체적이고도 치열한 삶의 흔적들을 써 내려갈 비장한 각오를 다지고 있기 때문이다.

이 일을 실행하기까지 매우 오랜 시간 머릿속으로 고뇌했다. 내가 과연 쓸 수 있을까, 과연 어떤 책이 될까, 갖가지 억측이 난무한 와중에도 난 이 책을 쓰기로 결정했다. 그건 어떤 거대한 이끌림에 의해서다. 난 이 책을 써야만 하는 사명을 타고난 것 같다. 신의 뜻이라고 생각한다. 이성은 혼란의 부모요, 혼란도 이성의 부모다. 이성과 혼란은 누가 먼저랄 것도 없이 우선순위다. 인간에게 있어서는 그러하다.

우리의 삶은 이성과 혼란의 무진장한 교차의 시간이다. 이성적 사고로 삶을 정리 정돈하려고 하다가도 혼란의 늪에 빠져 허우적거리는 것이 인간의 특징이기 때문이다. 이러한 이성과 혼란의 정체를 제대로 관찰하고 체험하는 것은 매우 중요한 일이다. 더 궁극적으로 보자면 이성과 혼란을 통해서 우리의 인생을 더 깊이 통찰하는 것이 이 책의 목적이다. 자신과 자신 이외의 것들을 철저하게 성찰할 수 있는 사람이 비로소 인간다운 삶을 살 수 있는 법이다.

2024년 이성과 혼란의 중심에서
지은이 **백정미**

추천사 _ 4
프롤로그 _ 6

제1장 영혼을 탐닉하다

1. 내 영혼의 이집션 블루 _ 14
2. 다차원 포털 – 다른 차원으로 갈 수 있는 입구 _ 17
3. 금강에서 그는 무엇을 찍고 있었을까 _ 20
4. 사색의 함정 _ 23
5. 극도의 슬픔 _ 26
6. 뇌간이 손상된 사람, 뇌간이 멀쩡한 사람 _ 29
7. 금붕어, 은붕어, 물레방아 _ 32
8. 무게 _ 35
9. 늙어간다는 것 _ 39
10. 노딩병과 콜라병 _ 42
11. 잡념을 각혈하다 _ 45
12. 대리기사와 손님 _ 48
13. 결핍 _ 51
14. 아무것도 하기 싫을 때 _ 54
15. 그 남자의 밥그릇 _ 57
16. 스크린 도어가 있는 역, 스크린 도어가 없는 역 _ 60
17. 늙은 소처럼 추억을 되새김질하다 _ 63
18. 경거망동에 대해 논하다 _ 66
19. 50억 자산가는 왜 노숙자가 되었을까 _ 69
20. 미로 _ 72
21. 뉴트리아 인간에 대하여 _ 75
22. 거미줄에 걸려 죽은 거미 _ 78
23. 폐 속을 파고드는 고독 _ 81

24. 알몸의 두 남녀는 왜 모텔에서 죽었을까? _ 84
25. 초콜릿 알레르기 _ 87
26. 모순 _ 90
27. 남녀 간 사랑에 관한 헛소리 _ 93
28. 아가미 _ 96
29. 포화상태 _ 99
30. 담벼락에 낙서하는 사람들의 심리 _ 102

제2장 인생을 고찰하다

31. 밀가루와 뼛가루 _ 108
32. 엘리베이터 _ 111
33. DNA의 한계 _ 114
34. 악몽 _ 117
35. 도로 위의 변사체 _ 120
36. 이용 가치 _ 123
37. 간격의 필요성 _ 126
38. 스페어타이어의 삶 _ 129
39. 7층 여자 _ 132
40. 갈증 _ 135
41. 수형 번호 378번 _ 138
42. 사물의 속사정 _ 141
43. 거울의 이면 _ 144
44. 마구 화가 난다 _ 147
45. 벽 속의 그녀 _ 150
46. 별것 아닌 것에도 흔들리는 마음 _ 153
47. 옷걸이의 생태학 _ 156
48. 혹평에 대처하는 우리의 자세 _ 159
49. 인간의 가학성에 관한 고찰 _ 162
50. 폐허 속 사내 _ 165
51. 선물의 의미 _ 168

52. 모른 척하기 _ 171
53. 개인으로부터 파생되는 것들 _ 174
54. 궁극의 지향점 _ 177
55. 선구안 _ 180
56. 눈금의 시차 _ 183
57. 이어폰의 운명론 _ 186
58. 아카시아꽃과 두 소녀 _ 189
59. 나뭇잎 떨어진다 _ 192
60. 방바닥의 한계 _ 195

제3장 이성과 혼란을 고뇌하다

61. 어떤 구두쇠 _ 200
62. 후라이드 치킨과 용서 _ 203
63. 검은 코뿔소의 뿔 _ 207
64. 역린 _ 210
65. 예민한 혀 _ 213
66. 바람만 불어도 눈물이 날 때가 있다 _ 216
67. 피라미드의 진실 알기 _ 219
68. 먼지를 털다 _ 222
69. 깨진 뚝배기 이론 _ 225
70. 블랙아이스 _ 228
71. 붉은색 가디건의 비애 _ 231
72. 실종 _ 234
73. 파랑새 증후군 치료제 _ 237
74. 소금사막엔 소금만 있는 게 아니야 _ 240
75. 괴로움의 깊이 _ 243
76. 입을 막다 _ 246
77. 30 _ 249
78. 아들을 죽인 아버지 _ 252

79. 메마르다 _ 255
80. 언덕 위의 작은 집 _ 258
81. 박제가 되어버린 새 _ 261
82. 절규 _ 265
83. 폭설 _ 268
84. 바구니의 용도 _ 271
85. 11월, 햇살이 죽는다 _ 274
86. 원상복귀 _ 277
87. 디지털 세탁 _ 281
88. 제육볶음을 먹다 _ 284
89. 데시벨 _ 288
90. 관찰 _ 292
91. J의 꿈 _ 295

제1장

영혼을
탐닉하다

***

　3년 전 이사 올 때만 해도 붉은 석류꽃이 흐드러지게 피어나던 석류나무가 이제는 너무 늙었나 보다. 올여름에는 비실비실한 꽃 몇 송이와 더 비루한 열매 몇 개를 맺더니 그걸로 끝이다. 아직 죽지는 않았는데 너무 늙어버려서 마치 죽음 직전의 모습 같다. 그런데 그 모습이 나빠 보이지만은 않다. 오히려 화려한 삶을 아름답게 갈무리하는 현자의 모습과도 같아서 든든하다. 거울 속 내 모습도 그렇게 늙어가기를 바라는 마음이다.

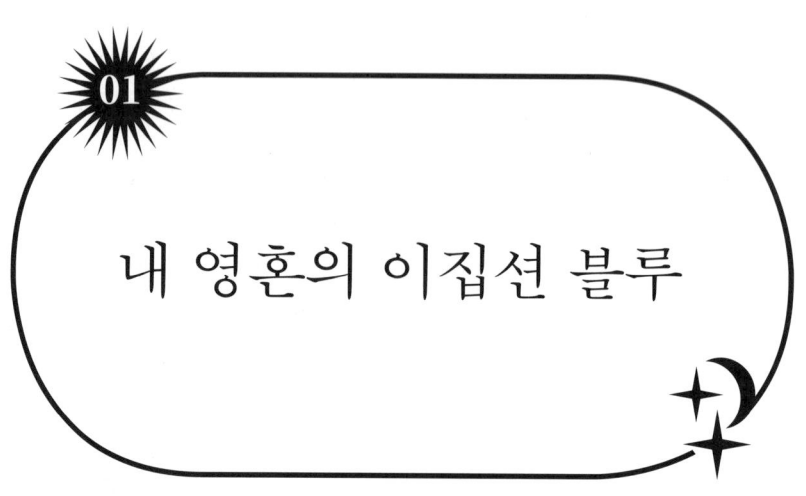

내 영혼의 이집션 블루

혼란의 붉은 혓바닥

고대 이집트인들은 '이집션 블루'라는 인공 안료를 수천 년 동안 만들어 썼다. 고대에 자연계에 있는 원료로 만들 수 없는 단 하나의 색깔이 파랑색이었는데 그걸 인공적으로 만든 것이 '이집션 블루'인 것이다. 왜 자연계의 그 어떤 것도 파랑색을 내지 못했던 걸까. 인공 안료 이집션 블루가 만들어지지 않았다면 고대인들은 파랑색이 배제된 벽화, 파랑색이 배제된 조각상을 만들었을 것이다. 노랑, 빨강, 검정. 그 모든 색이 있어도 파랑색이 빠진 그림이란 심심하지 않을 수 없을 것이다.

인공 안료로 만들지 않으면 안 되었던 진귀한 파랑색. 그 파랑색이 내 영혼에도 있다. '내 영혼의 이집션 블루'는 절대로 자연적으로 만들어지지 않는 색이다. 그 색을 내려면 반드시 속이 타들어 가는 사색과 가슴이 헐어버릴 정도의 슬픔과 심장의 밑바닥이 갈라지는 통증을 느껴야만 한다. 그래서 나는 한 번도 '내 영혼의 이집션 블루'를 드러내지 않았다. 그것을 세상에 드러내지 않는 것은 고집스런 장인이 자신의 제조법을 절대 세상에 공개하지 않았던 것과 같은 맥락이다. 드러내면 안 되는 것, 하지만 내 안에 가득한 비밀스러운 삶의 색깔. 내 영혼의 이집션 블루, 그러나 이젠 마구 그것들을 세상에 흩뿌리고 싶은 것이다.

◀(이성의 푸른 눈)▶

대형체인점 빵집의 등장으로 문을 닫을 위기에 처한 동네 빵집 사장 B씨, 남편의 외도로 결혼 20년 만에 이혼 위기에 처한 M씨, 공장 사장이 1년 치 월급을 빼돌려 도망쳐버려서 당장 길거리에 나앉을 형편이 된 D씨, 수능시험을 앞두고 죽고 싶은 생각을 떨치지 못해 유서를 쓰고 있는 A양. 이들 모두에게도 그들만의 파랑색! '이집션 블루'가 있다. 아무에게도 공개하지 않았던 자신들만의 색깔. 고대 이집트인들이 만든 최초의 안료 '이집션 블루'와도 같은 그들만의 언어로, 그들만의 사색으로 만들어진 '영혼의 이집션 블루' 내면의 깊은 고뇌와 절실함으로 이루어지는 그것은 한 인간의 내적인 역사가 된다. 자신만의 이집션 블루를 가지고 있지 않은 사람은 거의 없다. 누구나 자기 자신만의 독특한 이집션 블루를 지니고 있다. 하지만 그것을 만천하에 떠벌리는 사람은 드물다. 아무리 지능이 모자란 사람도 자신만의 이집션 블루에 대해서는 함구하는 편이기 때문이다. 하지만 때로는 '내 영혼의 이집션 블루'를 세상에 각혈해내는 비움의 시간이 필요하다. 자신만의 고통, 자신만의 슬픔, 자신만의 화에 철저하게 갇히게 되면 진정한 자신의 색깔을 잃어버릴 위험이 따르기 때문이다.

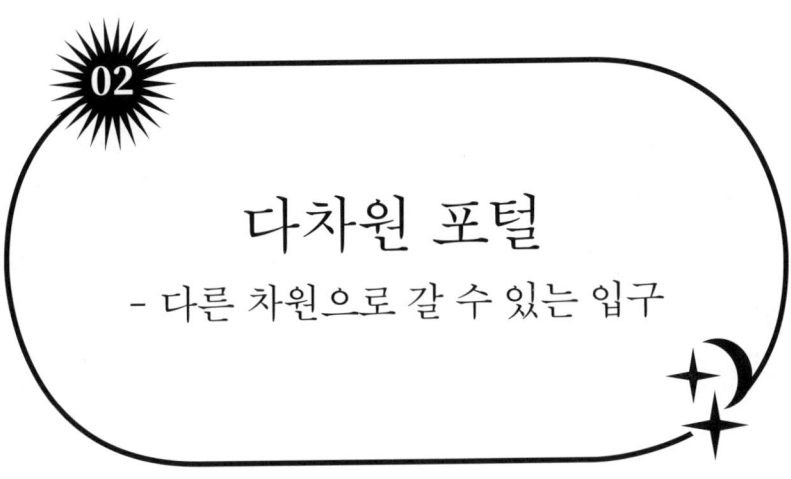

다차원 포털
- 다른 차원으로 갈 수 있는 입구

《 혼란의 붉은 혓바닥 》

"아, 어디론가 훌쩍 떠나고 싶다. 정말 이런 삶, 지긋지긋하다!"

이런 넋두리 한 번 안 해본 사람 있으랴. 지금 이곳이 아닌 다른 곳에 있다면 얼마나 좋을까, 지금 이 사람이 아닌 다른 사람과 함께 있다면 얼마나 좋을까, 지금 이 상황이 아닌 다른 상황에 처한다면 얼마나 좋을까. 이런 모든 이들의 염원을 해결해주기 위해 등장한 다차원 포털, 즉, 다른 차원으로 갈 수 있는 입구야. 나에게도 너에게도 다차원 포털이 있다는 거 아니? 시공을 초월한 이 문을 우리는 태어날 때부터 가지고 있단다.

완벽한 변화를 경험할 수 있는 환상의 다차원 포털이 있어도 그걸 활용해서 일상으로부터의 일탈을 하는 사람은 드물지. 왜냐하면, 다른 차원으로 간다는 건 현재를 버린다는 의미가 되니까. 즉, 현실을 도피하지 않는다면 결코 다른 차원으로 이동할 수 없는 것이지. 온전히 자신의 현실을 부정하지 않는다면 역시 인생은 자신이 해결해나가야 하는 문제라는 것이지. 35년 전에 사라졌던 비행기가 나타났다는 말이 진실이든 거짓이든, 다차원 포털에 대한 사람들의 동경은 여전해. 그건 그만큼 현실이 괴롭다는 방증이 아닐까. 누구나 일상이라는 난해한 숙제를 잠시 던져버리고 어디론가 훌쩍 떠나고 싶은 충동을 느끼지.

◀◀(이성의 푸른 눈)▶▶

"이것도 청소라고 했니? 이 창틀에 낀 먼지 좀 봐라. 집에서 날마다 빈둥거리고 뭐하니? 신랑은 뼈 빠지게 밖에서 돈 벌고 있는데 넌 집 안 청소 하나 제대로 못하고 이게 뭐니?"

시어머니의 불호령은 오늘도 시작이다. 결혼과 동시에 옆집으로 이사 온 시부모, 특히 시어머니는 신랑이 출근한 후에 어김없이 아들네 집으로 출근한다. 그래서 냉장고 위생상태 점검, 청소 상태 점검, 하다못해 침실까지 들어가서 이런저런 잔소리를 늘어놓는다. 이제 결혼한 지 겨우 5개월인데 소희는 당장이라도 이혼하고 싶다. 시어머니의 잔소리를 듣고 있노라면 자신은 바보가 된 느낌이 들기 때문이다. 그 순간은 어디론가 훌쩍 사라져버리고 싶은 마음이 굴뚝같다.

그런 그녀가 다차원 포털의 문을 열고 다른 차원으로 들어갔다. 그건 어느 날, 순식간에 벌어진 일이었다. 그곳에는 자신을 닮은 늙은 여자가 있었다. 자세히 보니 그건 30년은 늙은 자기 자신이었다. 늙은 자신은 젊은 여자를 향해 높지도 낮지도 않은 목소리로 말하고 있었다.

"얘야, 청소란 이렇게 대충 하는 것이 아니란다. 무슨 일이든 최신을 다해야지. 내가 너처럼 새댁이었을 때 얼마나 집안일을 깔끔하게 했는지 아니? 여자라고 집에서 빈둥거려서야 되겠니? 니 남편 밖에서 얼마나 고생하는지 안다면 이렇게 대충 일해선 안 되는 거야."

순간, 소희는 몸이 석고상처럼 굳어버리는 것 같았다. 미래의 자신을 보니 현재의 시어머니와 다를 바가 없었던 것이다.

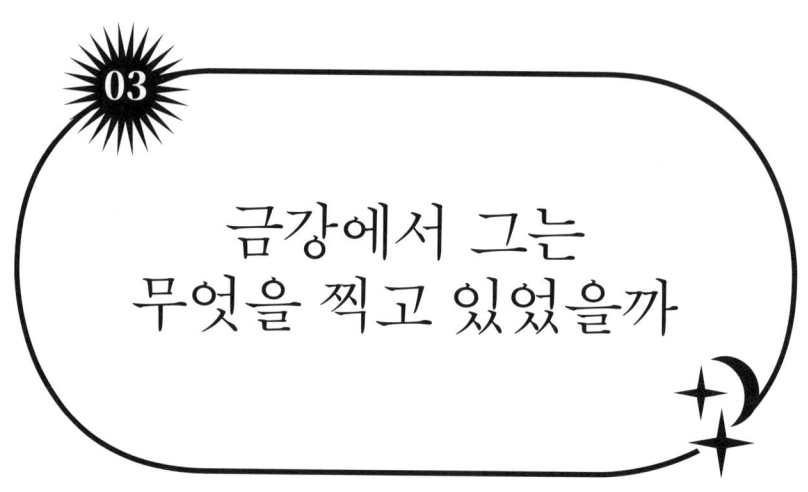

03
금강에서 그는
무엇을 찍고 있었을까

혼란의 붉은 혓바닥

"와, 멋있다!"

십만 마리의 가창오리가 떼 지어 날아오른다. 검푸른 겨울 하늘을 그것보다 더 검푸른 철새 떼가 수놓는 한 폭의 숙연한 그림. 그 장엄한 광경을 직접 목격하는 것도 행운에 속한다. 날마다 철새들이 그렇게 멋진 군무를 연출해주는 건 아니니까.

그날, 그는 그곳에서 운 좋게 카메라 플래쉬를 터뜨리고 있었다. 때마침 오리 떼들이 수면을 박차고 떼 지어 날아오르기 시작했기 때문이다. 해년마다 오는 곳이었지만 매번 올 때마다 그의 손가락은 바쁘게 움직인다.

그곳엔 그를 제외하고도 여러 명의 일반인 혹은 사진작가들이 있었다. 그들은 거의 전부 카메라를 들고 철새들을 주시하고 있었다. 겉으로 보기에 그들 모두는 가창오리를 모델로 한 사진을 찍고 있었다. 분명히 철새가 움직이는 방향대로 카메라가 부지런히 움직이고 있었기 때문이다. 하지만 한 사람만은 철새가 아닌 다른 것을 찍고 있는 중이었다. 겉보기엔 그 역시도 철새를 피사체로 사진을 찍고 있었지만, 그가 진정으로 찍고 싶은 건 다른 것이었던 것이다.

그것은 차마 말할 수 없는 그만의 이야기다. 철새가 무리 지어 머리 위로 날아오르지 사람들의 탄성이 쏟아졌다. 그러나 그는 한숨만 연방 내쉬고 있다. 금강에서 그는 무엇을 찍고 있었을까.

◀《 이성의 푸른 눈 》▶

해마다 자영업자의 절반 이상이 문을 닫는다. 그 역시도 문을 닫은 비운의 자영업자 중의 한 명이다. 공직생활을 마무리하고 새롭게 시작한 치킨집이 그렇게 쫄딱 망하게 될 줄은 그도, 그의 가족도 아무도 예상하지 못한 일이었다.

"이젠 도저히 당신과 못 살겠어요."

아내와 아이들은 빈털터리가 된 그를 버려두고 어디론가 홀연히 사라져버렸다. 집까지도 경매에 넘어갈 처지에 처하게 된 그에게 남겨진 것은 낡은 카메라가 전부였다.

행복했던 시절에 가족사진을 찍었던 낡은 카메라를 들고 그는 그날, 금강에 갔던 것이다. 물론 행복했던 시절에도 이곳을 찾아오긴 했었다. 그러나 그때는 혼자가 아니었다. 아내와 아이들이 그의 곁에서 까르르 웃으면서 함께 철새 떼를 바라보고 있었다. 그때의 그는 오로지 철새를 찍었었다. 하지만 지금 그는 철새가 아닌 그리운 아내와 아이들을 찍고 있었다. 그의 여윈 손가락이 누르는 건 사랑하는 가족을 향한 셔터였던 것이다. 돌아오라고, 보고 싶다고 그의 카메라는 추억 속의 가족을 찍고 있었던 것이다.

철새 떼가 머리 위로 날아오를 때, 그의 그리움도 날개를 달고 어두운 겨울 하늘 저 위로 훨훨 날아오르고 있었다.

사색의 함정

혼란의 붉은 혓바닥

　나는 생각을 한다. 나는 생각을 즐겨한다. 나는 생각에 몰입한다. 나는 생각 때문에 미친다. 나는 생각하면서 존재한다. 나는 생각과 한바탕 싸운다. 그리고 생각하느라 가끔은 밥때를 놓친다. 이렇듯 생각이란 것은 하면 할수록 부풀어 오른다. 마치 이스트를 넣어놓은 밀가루 반죽처럼 말이다.
　내 생각이 거대하게 부풀어 오르면 나는 어김없이 어지럽다.

이렇게 한없이 어지럽다니, 참 빈혈이 있긴 하다. 그래서 매일 아침이면 비린내 폴폴 나는 역겨운 빈혈약을 원샷 한다. 그놈의 빈혈은 시도 때도 없더라. "피가 부족한 내가 사색을 한다는 게 가당한가?"라는 웃긴 질문을 한다.

"액체 빈혈약은 효과가 즉시 나타나는 대신 금방 사라지죠. 반면 알약 형태의 빈혈약은 효과가 꾸준히 지속됩니다."

낡은 읍내 약국의 늙은 대머리 약사는 빈혈로 퀭해진 내 얼굴을 무표정한 얼굴로 바라보면서 말했었다. 입안에서 뱅뱅 이 말이 맴돌았지만 난 참았다.

'저는 작가인데요. 생각을 많이 하면 어지러울까요?'

사색은 함정을 가진 늪이다. 사람의 기운을 야금야금 잡아먹는 악마의 주둥아리 같다. 그래서 가끔 난 사색을 슬며시 뿌리친다.

◀◀ 이성의 푸른 눈 ▶▶

빈혈로 자신의 나약함을 합리화시키려고 하는 나는 누구인가. 생각을 너무 많이 하면 해롭다는 건 지극히 개인적인 편견이다. 사색은 인간을 성장시키는 최고의 습관이 아닌가. 나는 물론 사색 예찬론자다. 근본적으로는 그렇다. 거두절미하고 사색하지 않는 인간을 보자. 얼마나 경박하고 보잘 것 없는지 알 수 있을 것이다. 인간성은 사색의 깊이에 달려 있다. 그러므로 내 오래된 빈혈은

죄 없다.

어지럽다고 해서 다 빈혈이 아니듯이 사색한다고 해서 다 영특해지거나 어떤 큰 깨달음을 얻는 건 아니다. 그렇지만 사색은 분명 이로운 것이다. 나는 이 점에 대해서 시인하기로 한다.

"그래, 맞다. 내가 지금에 이른 건 모두 사색, 네 덕이야."

사색의 함정을 부정하는 건 아니다. 누구에게나 한 번쯤 사색의 함정에 빠지는 경험이 찾아올 수 있는 건 사실이다. 그러나 거기에서 무엇을 잃느냐, 얻느냐는 역시 한 개인의 역량이다.

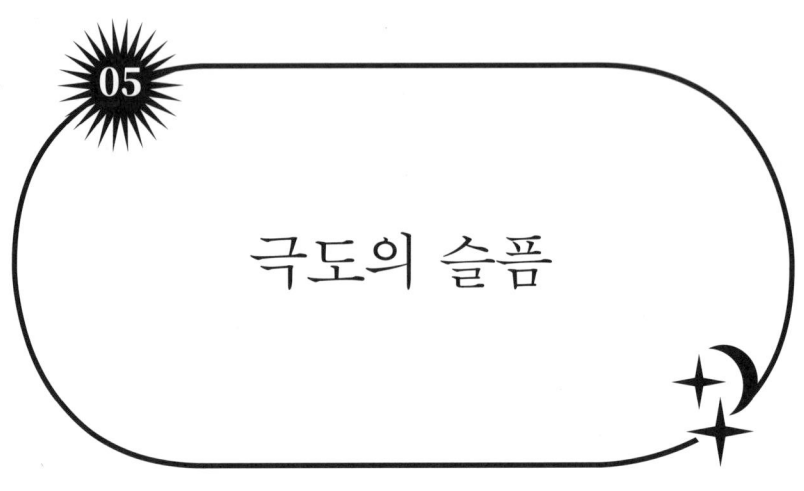

극도의 슬픔

혼란의 붉은 혓바닥

첫눈이 온단다. 첫눈이 오든 말든 나랑 무슨 상관이 있을까 싶지만 뭔가 기대되는 건 뭐지? 삶이 슬퍼서 울고 싶은데 왜 눈치 없이 하늘은 낭만의 상징인 첫눈을 뿌리려는 심산일까. 극도의 슬픔을 오랜만에 맛본다. 내 혼란의 붉은 혓바닥 위로 이 삶에 대한 비관이 뚝뚝 떨어져 내린다.

"이 삶은 마치 첫눈의 엉덩이 같군."

새하얀 첫눈을 충혈된 두 눈으로 어루만지면서 나는 비관에 젖어 환자처럼 중얼거린다. 첫눈의 엉덩이는 하얗고 부드럽지. 그리고 또한 쉽게 더러워지지. 산다는 게 그렇지 뭐, 재수 없거나, 운 좋거나, 그냥저냥.

"이웃집 남자가 도망을 갔대."

집에 오는 길에 아줌마들이 모여 수군거리는 소리를 들었다. 그녀들의 카더라 통신에 의하면 한 남자가 갓난쟁이 아들과 처를 버리고 통장에 든 수천만 원을 챙겨서 깔끔하게 튀었다. 그래서 그의 아내는 지금 매우 슬퍼한다. 그녀가 슬퍼하는 것과 나와 무슨 상관이냐 싶다. 어차피 세상은 혼자인 것 아닌가.

누가 누굴 버릴 것도 없고 누가 누굴 책임질 것도 없지 뭐. 각자 스스로 제 몫을 챙겨야만 살아남는 이 더러운 세상의 한복판 혹은 가장지리에서 너나 나나 슬픈 것이다.

◀(이성의 푸른 눈)▶

내재된 슬픔은 오래간다. 인간은 어차피 슬픔을 먹고 사는 종족이다. 눈물 한 방울이 떨어질 때마다 첫눈이 내 가슴에 켜켜이 쌓일 것이다. 올해의 첫눈은 유독 시리게 다가오려나 보다. 이처럼 아름다운 세상에서 살아간다는 것을 감사해야 하는데 왜 나는 미친 듯 오열하고 싶을까.

"자제하라. 슬픔에 현혹된 뇌여!"

아직 삶을 포기하고 비관하기에는 이르다.

무엇을 비관적으로 판단한다는 건 그만큼 그의 심신이 나약해져 있다는 의미다. 나는 왜 약해져 있는가. 타자에 의한 것이라고 변명하지 말자. 이것은 분명 내 자신의 문제다. 이미 오래전부터 슬픔을 익숙하게 받아들인 스스로의 탓인 것이다. 분명 극도로 슬퍼지는 때가 있다. 이웃집 남자가 도망을 친 데도 이유가 있는 것이다. 그는 그럴 수밖에 없었을 것이다. 버려진 아기도 아기의 엄마도 이 사실을 알고 있다. 누군가를 등쳐먹고 야반도주한 사람의 가슴에도 극도의 슬픔이 있다.

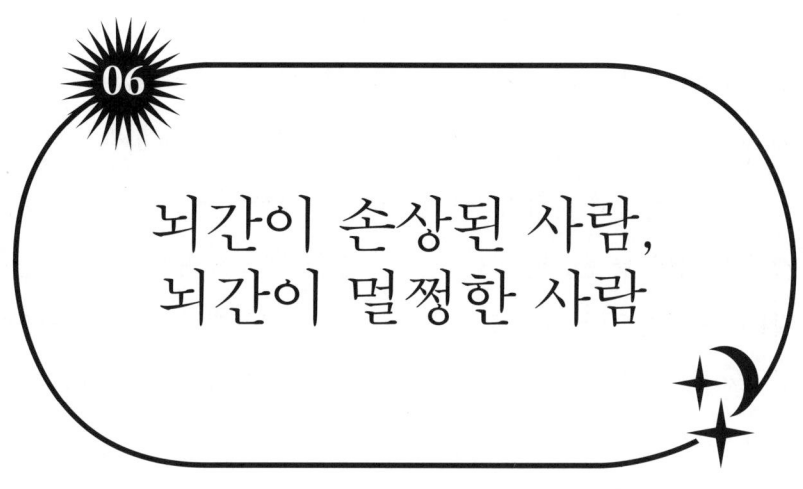

06 뇌간이 손상된 사람, 뇌간이 멀쩡한 사람

◀◀ 혼란의 붉은 혓바닥 ▶▶

 신체의 모든 기능이 마비되고 정신이 육체 안에 갇힌 사람은 뇌간이 손상된 사람이다. 뇌간? 뇌에도 간이 있나? 그게 아니고 뇌에 있는 어떤 부위의 명칭이다. 뇌간은 생명 중추가 있는 부분이다. 그것이 손상된 사람이 무엇을 할 수 있겠는가.

 미친 세상에 미친 사람들이 허다하다. 마치 그들은 뇌간이 손상된 것 같다. 생각은 있는데 팔다리는 움직일 수 없는 사람의 심정이란, 휴~ 내 심정이 지금 그러한가? 나에게도 뇌간이란 것이 이 머리통 안에 있단 말이다. 뇌 뚜껑을 활짝 열어보고 싶다. 어떻게 생긴 거야?

뇌간이 손상된 사람이 살아간다. 이것저것 마음으로 하고 싶은 것은 많지만 두 손, 두 발은 도무지 말을 듣지 않는다. 저 인간을 확! 때려죽이고 싶지만 그건 어디까지나 생각뿐이다. 이 사회를 확 뜯어고치고 싶지만, 그것도 어디까지나 상상이다. 현실은 그 인간 밑에서, 이 사회에서 빌빌거리며 손바닥을 열나게 비벼야 살아남는다. 비겁한 인간, 아니 불쌍한 인생들. 사람 사는 게 다 그렇지. 뇌간이 멀쩡해도 어쩔 수 없다. 생각과 행동이 따로 노는 사람이 한둘이 아니란다.

◀◀ 이성의 푸른 눈 ▶▶

가끔은 뇌간이 마비되어 버린 사람이 그립기도 하다. 왜냐하면, 이 현실의 벽이 너무나 높고 고달프기 때문이다. 그러나 그들은 정작 현실에서 얼마나 답답한가. 우리가 누군가의 불행에 공감해야 하는 이유는 그들의 불행을 더 이상 간과해서는 안 되기 때문이다. 뇌간이 손상된 채 살아야만 하는 나와 너는 그리고 우리들은 이미 서로에 대해 너무나 잘 안다.

삶의 시곗바늘은 그렇게 어김없이 돌아간다. 뇌간이 손상되거나, 뇌간이 멀쩡하거나, 뇌간이 어중간하게 작동하거나 간에 모두에게 공평한 시간이 주어진다. 나는 가끔 뇌간이 손상된 채 산다. 그 시간은 어쩌면 인생의 처참함을 면하는 행복한 시간일지도 모른다. 오로지 생각 속에 갇혀서 숨 쉬는 존재로서의 나는 삶의 표면적인 고통으로부터 안전한 것인지도 모른다. 뇌 속에 뇌, 혓바닥 속에 혓바닥, 심장 속의 또 다른 심장, 폐 속의 구멍 숭숭 뚫린 또 다른 폐가 내 안에 가득하다.

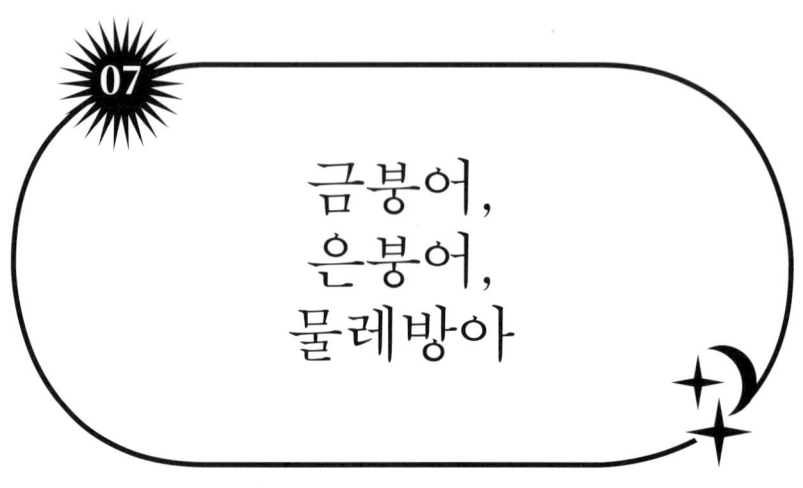

07 금붕어, 은붕어, 물레방아

◀◀ 혼란의 붉은 혓바닥 ▶▶

내가 그곳에 간 목적은 매달 그랬던 것처럼 세금을 납부하기 위해서였다. 왜 우리는 이렇게 매달 마치 죄인들처럼 세금고지서를 받들어 모셔야 하남? 어떤 이들은 자동납부라는 걸 하지만 난 아날로그 방식이 좋다. 20일경만 되면 집 앞 우편함에는 각종 세금고지서가 가득해진다. 아휴, 이건 무슨 노예가 살기 위해서 돈을 지불하는 것처럼 역겨운 짓이다!

그놈의 세금, 지긋지긋해. 그런데 내 마음속 칭얼거림에 누군가가 응답해준다.

"그래, 그럴 거야."

지친 눈을 들어 보니 그곳엔 커다란 어항이 있다. 수십 년 전부터 원래 있던 커다란 어항. 우체국 로비 가운데 통로에 떡하니 자리 잡은 그 안에 살고 있는 금붕어, 은붕어, 물레방아. 솔직히 은붕어라는 게 있는지는 모른다. 그냥 금붕어과인데 내 눈에는 은색이니 은붕어라고 부른다.

그 녀석들이 나를 측은하게 쳐다본다.

"우리도 여기에서 살기가 영 답답하다오, 저놈의 물레방아 도는 걸 날마다 쳐다보기도 미칠 만큼 어지럽지."

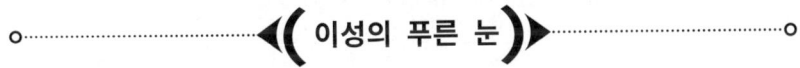

이성의 푸른 눈

우체국에 가서 사람들은 우편물을 부치거나 혹은 세금을 내거나 은행 업무를 본다. 내가 주로 하는 일은 가끔 출판사와 계약하기 위해 계약서를 보내거나 세금을 내러 가는 것이다. 세금을 낼 때면 유난히 금붕어, 은붕어, 물레방아가 눈에 들어온다. 왜 그것들은 세금 낼 때 더 눈에 차오는 거지? 라고 궁금해 해본다. 아마도 답답한 그 안에서 살아가는 그네들이 나의 삶처럼 슬퍼 보였기 때문일 것이다.

공감은 서로를 이해하게 된다. 아니, 이해하기 때문에 서로에 대해 공감한다. 금붕어나, 은붕어나 생명이 없는 것 같은 물레방아마저도 폐쇄된 공간에 갇힌 채 누군가의 눈요깃감으로 전락해 버린 삶을 사는 것에 대해 나는 화가 났던 것이다. 아마도 그건 내가 그들의 삶을 온전히 되돌려줄 수 없다는 것에서 기인한 분노일 수도 있다. 그리고 자신의 삶에 대한 자조일 수도 있다.

모두가 퇴근한 캄캄한 우체국 안에서 혼자서 돌고 있을 물레방아, 그 곁에서 하염없이 여린 비늘을 파닥거리면서 헤엄치고 있을 금붕어와 은붕어를 나는 인간으로서 진심으로 애도한다.

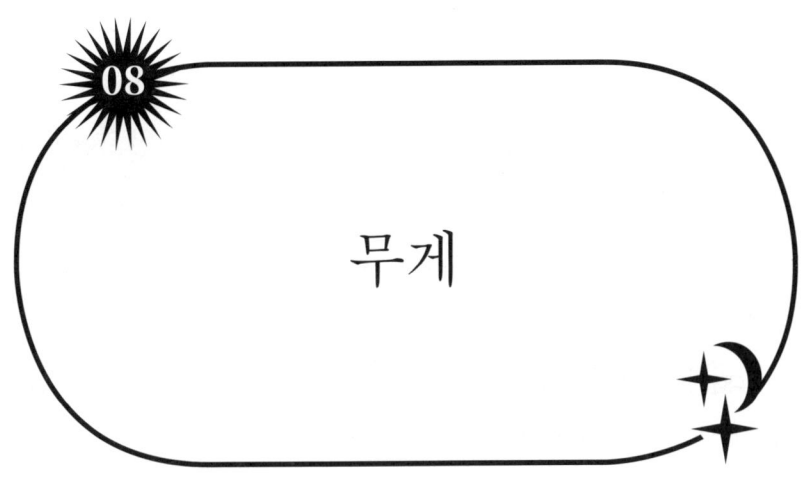

무게

◀《 혼란의 붉은 혓바닥 》▶

어느 마을의 뒷산에 긴 세월을 살아온 소나무 한 그루가 있었다. 그 소나무는 수령이 500년은 족히 될 만큼 크고 우람했다. 동네 사람들은 그 소나무 앞을 지날 때마다 어떤 신비로운 기운을 느끼곤 했다.

"저 소나무가 보통 영물이 아닌가 봐."

"자네도 그런가? 나도 그래. 내가 간암 수술하기 전에 이곳에

와서 소나무에게 기도를 올렸거든. 그러니까 소나무가 우는 소리가 들리더라니까."

이렇게 상식적으로 믿을 수 없는 말들도 많이 들렸다. 소나무의 영험함은 전국에까지 널리 알려지게 되었다. 많은 사람이 나라에 좋지 않은 일이 생길 때마다 소나무가 우는 소리를 들었다고 증언하고 있는 것이다.

그런데 지난해 여름에 역사상 가장 큰 대형태풍이 전국을 강타했다. 많은 나무들이 뿌리째 뽑혀나갔다. 뒷산의 소나무도 태풍의 위력을 피하지는 못했다. 그러나 다른 나무들의 피해에 비하면 소소한 것이었다. 초특급 대형태풍에도 굳건히 살아남은 소나무를 보고 사람들은 놀라워했다.

사람들은 다시 신비로운 소나무를 예찬한다.

"영물이야. 그 엄청난 태풍에도 이렇게 멀쩡하게 살아남아 있다니."

그런데 며칠 후에 그 나무에서 두 사람의 시신이 발견되었다. 외지에서 온 두 사람이 목을 매 자살을 한 것이다. 그 후부터 소나무는 시름시름 시들어가기 시작했다. 나무 치료에 좋다는 막걸리를 사다 부어도 소용이 없었다. 급하게 불려온 나무 전문가가 이렇게 말했다.

"원인을 찾을 수가 없습니다. 재선충병에 걸린 것도 아니고 특별히 이렇게 시들 이유를 알 수 없네요."

◀◀ 이성의 푸른 눈 ▶▶

　닭 도매업을 하던 아버지와 딸이 야산에서 나무에 목을 매 숨진 채 발견되었다. 혼자서 딸을 키우던 60대 아버지는 최근 사업이 부진해서 많은 빚을 지게 되었다. 그래서 자살을 결심했을 것이다. 이제 성년이 된 딸은 그런 아빠를 혼자 보낼 수가 없었나 보다. 그녀는 유서에 아버지에 대한 애틋한 사랑을 드러냈다.

　"아버지는 절 세 살 때부터 혼자 키우셨습니다. 엄마가 돌아가시고 나서 재혼도 하지 않으시고 홀로 긴 세월 동안 저만 바라보시고 살아오신 아버지. 저만 바라보시고 저만 사랑해주시고 저만 생각하시느라 정작 자신의 삶을 살지 못한 가엾고 불쌍한 아버지. 그런 아버지께서 이젠 저 혼자 두고 먼 길을 떠나시겠답니다. 저 혼자 남어 이 세상 살 자신이 없네요. 저도 아버지와 함께 갑니다. 저의 선택을 후회하지 않겠습니다. 저희 아버지를 욕하지 마세요. 이건 저의 결정입니다."

　두 사람이 목을 맨 나무는 산책로 옆에 있는 수령이 오백 년은 넘는 아름드리 소나무였다. 딸은 아버지를 잃은 상실감을 견뎌낼 자신이 없었던 것이다. 사랑하는 사람을 먼저 보내고 산다는 것은 살아서 견뎌야 할 가장 큰 고문이다. 아버지는 오죽했으면 사랑하는 딸을 두고 죽으려고 했을까. 얼마나 이 삶이 힘겨웠으면 그는 그토록 아끼던 딸이 자신을 따라 죽겠다는데 말리지 못했을까.

　돈 없으면 사람 취급도 하지 않는 세상에서 그걸 못 견딘 마음

여린 부녀가 결국 그렇게 세상을 떠났다. 두 사람의 차가운 주검을 품었던 소나무가 누렇게 말라 죽어가고 있다. 지난해 여름 태풍이 불어도 꼿꼿했던 나무가 이젠 힘없이 축 늘어져 있다. 그건 어떤 무게로 인한 것일까.

늙어간다는 것

◀《 혼란의 붉은 혓바닥 》▶

"늙은 여편네들의 주름진 얼굴을 보면 한숨이 절로 나온다."

새파랗게 젊은 남자가 말했다. 그는 늙은 여자를 정말 소름 돋게 혐오했다. 어떻게 저렇게 추한 얼굴로 살아가는지 이해하기가 힘들었다. 친구들에게 틈만 나면 여자란 서른만 지나면 한물간다고 말하곤 했다. 그런 자신의 나이는 이제 스물 두어 살. 그렇다면 그 젊은 남자는 과연 늙지 않을까. 평생 늙지 않고 싶어 했던 진시

황이란 사람도 결국 늙고 병들어 죽었다는데 그 누가 늙음이라는 자연현상을 피해갈 수 있겠는가. 몇 명의 사람들은 기이한 질병으로 인해 노화를 피하기도 하지. 그런데 그건 축복일까, 불행일까.

젊은 시절에 꽃답던 아내가 점점 늙어가는 걸 꼴 보기 싫어하던 남편이 스무 살 어린 술집 여자랑 바람을 피웠단다. 아니, 그렇게 아름답고 정숙한 부인을 놔두고 왜 그랬대? 그거 몰라서 그래? 여자가 늙었잖아. 그럼 그 남편이란 인간은 늙지 않았을까? 천만에, 그 남자는 머리도 홀랑 벗겨지고 오십 대인데 육십은 되어 보이던 걸. 늙어간다는 것은 슬픈 것일까, 매우 우울한 것일까. 나도 늙어가지만 이 시점에서 제법 궁금한 것이다.

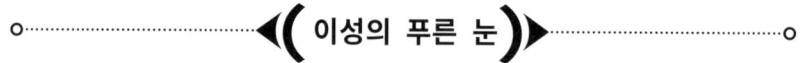

이성의 푸른 눈

3년 전 이사 올 때만 해도 붉은 석류꽃이 흐드러지게 피어나던 석류나무가 이제는 너무 늙었나 보다. 올여름에는 비실비실한 꽃 몇 송이와 더 비루한 열매 몇 개를 맺더니 그걸로 끝이다. 아직 죽지는 않았는데 너무 늙어버려서 마치 죽음 직전의 모습 같다. 그런데 그 모습이 나빠 보이지만은 않다. 오히려 화려한 삶을 아름답게 갈무리하는 현자의 모습과도 같아서 든든하다. 거울 속 내 모습도 그렇게 늙어가기를 바라는 마음이다. 늙은 아내를 두고 바람난 남편은 그저 본능에 충실한 동물이니 신경 쓸 것도 없다.

젊고 싱싱한 것을 좋아하는 것은 생명체의 본능이다. 누구라도 싱싱한 사과와 시들어 빠진 사과를 앞에 두고 고르라고 하면 싱싱한 사과를 고를 것이다. 그러므로 젊음을 동경하는 건 비난받을 것은 아니다. 그렇다고 해서 늙음을 비하하는 것이 정당화되는 것은 더더욱 아니다. 늙어간다는 건 성숙해간다는 식상한 말이 아니더라도 충분히 존경스러운 일이다. 한 시절을 풍미했던 인기가수가 늙어서 추억을 곱씹듯 자신의 젊음을 그저 추억하는 것이 노년이 아니라는 것쯤은 알아야 한다 우리는.

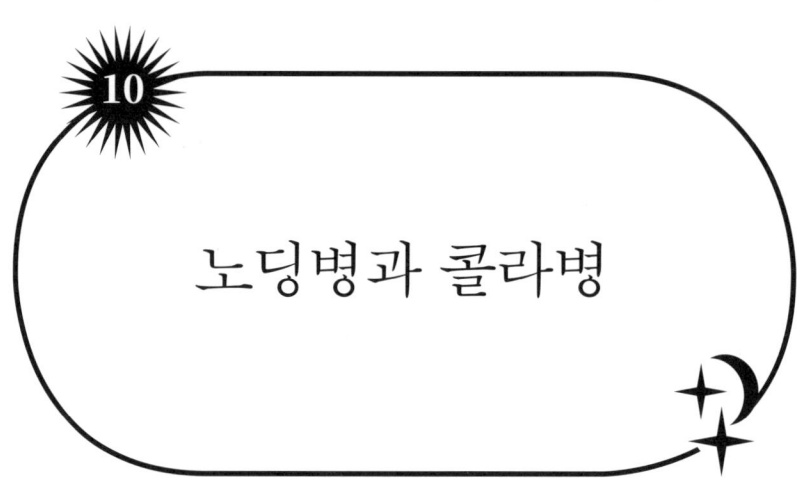

노딩병과 콜라병

◀《 혼란의 붉은 혓바닥 》▶

 노딩병에 걸린 아이가 콜라병을 들고 활짝 웃는 모습을 보고 싶다. 정말 시리도록 보고 싶다. 우간다의 궁색한 움막집 안에 홀로 버려진 열일곱 소년은 연신 먹을 걸 게워내더라. 먹은 게 무엇이기에 온통 초록색 토사물. 빌어먹을, 왜 그 아이는 그 시간에 그곳에서 그러고 있어야만 할까. 우간다 내전이 끝나고 나서 원인도 모르고 치료법도 없다는 노딩병이 십 대들에게 발병되고 있는데 왜 내가 대한민국의 따뜻한 방구석에 앉아 그걸 지켜봐야 한단 말인가.

우간다가 어딘지 세계지도를 살펴봐도 실질적으로 잘 모를 것이다. 그저 머리통 상상으로나 짐작할 뿐. 우간다. 우간다? 아프리카 어디겠지 뭐. 아프리카는 매우 더운 나라겠지. 가보지 않아서 모르지만 말이다. 아시아의 한 귀퉁이에 살고 있는 나는 아프리카 한 귀퉁이에 있는 노딩병에 걸린 아이가 자꾸 신경 쓰인다. 왜 내 소중한 신경의 촉수가 그 아이에게 향하는지 모른다. 나는 다만 콜라병을 들고 쭉 들이켜는 그 아이가 연상될 뿐이다.

◀《 이성의 푸른 눈 》▶

길고 오래된 내전은 원인불명의 병까지 만들어냈다. 세계 곳곳에서 벌어지고 있는 전쟁의 상흔. 그 상흔 중의 하나가 노딩병이 아닐까. 우간다 아이들의 생명을 위협하고 있는, 그래서 부모도 그 병에 걸린 아이를 집 밖으로 쫓아내고 만다는 전쟁이 남긴 병. 그 병과 콜라병은 무슨 상관이란 말인가. 나의 혼란스러운 생각은 그 두 가지가 만나길 바란다.

노딩병에 걸린 아이가 기적적으로 호전되어서 탄산이 뽀글거리는 콜라병을 들고 마음껏 들이키는 그 순간을 갈망한다. 그것은 정말 꿈일 뿐일까. 그 아이들에게 콜라병은 노딩병이란 거대한 장

애물에 가로막혀서 나타나지 못할 신기루일 뿐일까. 삶은 선진국에 사는 부유한 아이에게도, 노딩병에 걸린 아이에게도 똑같이 주어졌다. 다 쓰러져가는 움집 하나가 고급 호텔과 같다는 그곳에서 노딩병을 앓으면서도 지금 눈망울이 눈부시게 파란 어린 생명들.

잡념을 각혈하다

◀《 혼란의 붉은 혓바닥 》▶

 거기, 그 여자. 마치 모든 걸 내려놓은 듯 편안해 보인다. 머리는 산발하고 얼핏 꽃 같은 것도 꽂은 것 같다. 춤만 추면 완성인가? 하지만 그녀의 깊은 내면에는 미친 듯 솟아오르는 어떤 거대한 슬픔의 물기둥이 보인다. 그것을 안 순간, 또 다른 여자는 입을 다물지 못하고 재잘거린다.
 "그래, 너의 모든 것은 지금, 여기에 있기 위한 과정에 불과했어."

"입 닥쳐! 네가 도대체 나에 대해 뭘 알아?"

두 여자가 내 머릿속에서 목청을 높여 다툰다. 한 여자는 모든 걸 내려놓은 여자, 한 여자는 그저 관조하는 수다스러운 여자.

"미치고 싶다."라고 한 여자가 말하자, 다른 여자가 마치 기다렸다는 듯이 "미친년!"이라고 거침없이 일갈한다.

"그래, 넌 미친년이야, 미치고 싶은 것이 아니라 이미 미친."

"그런데 말이야. 미친다는 게 과연 나쁘기만 한 걸까. 때로 우리들은 미치고 싶을 때가 있잖아. 제정신으로 살기 힘든 순간이 있지 않니. 그렇지 않아?"

죽은 사슴의 눈동자 같은 초점 없는 눈으로 한 여자가 되묻는다. 나의 정체는 저 여자일까, 이 여자일까. 생각을 거듭하다가 나는 결국 두 여자를 토해낸다. 피처럼 걸쭉한 두 여자의 시신이 내 머릿속에서 모두 떨어져 나갈 때까지 두통이 멈추지 않는다.

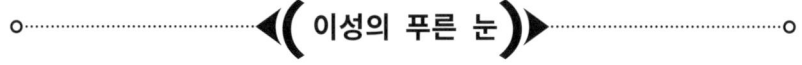

이성의 푸른 눈

어쩌면 내 머릿속에는 두 여자가 아닌 수많은 여자가 살고 있는지도 모른다. 아니, 여자뿐만 아니라 남자, 아이, 아기, 노인네 등등 모든 연령층의 인간들이 다양하게 존재하고 있는 것 같다. 그렇지 않고서야 어쩌면 이렇게도 다양한 생각들이 수시로 떠오를 수가 있단 말인가. 잡념을 각혈하지 못하는 인간은 정녕 잡념의 노예가 될 것이다. 잡념이란 무엇인가. 삶의 중심이 되는 자아에게 심각한 폐해를 끼치는 잡스런 생각들이다.

그러나 잡념이란 것이 전적으로 해로운 것만은 아니라는 걸 안다. 가끔은 잡념이 걸작을 만들기도 하고 위대한 발명의 원천이 되기도 한다. 이 책도 어쩌면 백정미, 라는 여자의 잡념이 만들어 낸 산물일지도 모른다. 그래서 나는 아주 자주 잡념을 꾸역꾸역 토해낸다. 붉고 걸쭉한 잡념을 각혈해내는 것만큼 인간다워지는 시간도 드물다. 글을 쓴다는 것도 잡념을 각혈해내는 일환이고, 밥을 먹는 것도 잡념을 각혈해내는 행위예술이다. 잡념을 버리는 것은 일상에서 가장 자연스럽게 해내야 하는 수행과제이기 때문이다.

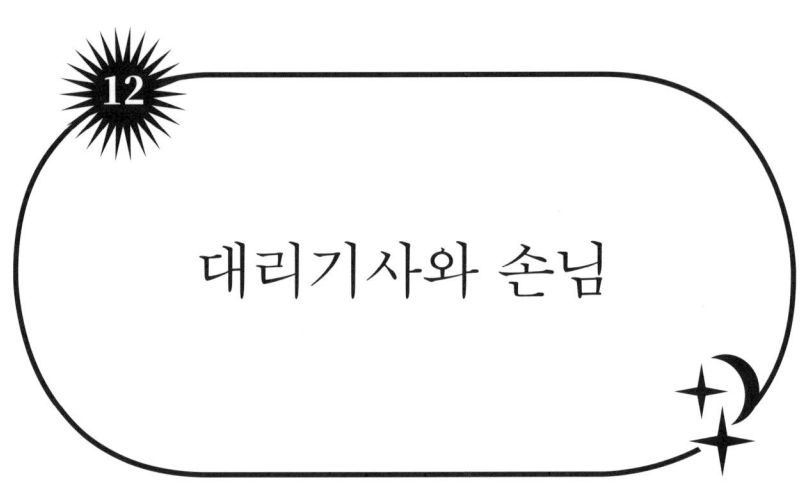

대리기사와 손님

◀◀ 혼란의 붉은 혓바닥 ▶▶

누구는 대통령이 되고 누구는 걸인이 된다. 누구는 인기 연예인이 되고 누구는 무명 연예인으로 평생 그렇게 살다 죽는다. 누구는 대리기사가 되고 누구는 손님이 된다. 발바닥이 땀나도록 뛰어도 (실제로 대리기사들은 외곽에 손님을 내려주면 버스를 타기 위해 1시간이 넘도록 달린다) 한 달에 겨우 100만 원도 채 되지 않는다는데, 누구는 젊고 예쁜 아가씨들 허벅지 주무르고 얼큰하게 술에 취해서 대리기사를 부르는 사람이 되고 누구는 그런 술주정뱅이를 태워 집 앞까지 모셔드리는 대리기사가 된다. 이 망할 놈의 세상.

계급장만 없다 뿐이지 인간들은 보이지 않는 계급을 이마에 붙이고 다니는 것과 같다. 대리기사를 대하는 손님의 자세도 그렇다. 매우 건방지게 대리기사를 얕보는 족속들이 많은 건 사실이니까. 그런데 아이러니하게도 그런 대리기사들도 한때는 잘 나가던 대기업 임원, 사업가 등이었다는 것이다. 그들도 그러므로 한때는 대리기사들을 한 번쯤 불러보았을 것이다. 입장이 바뀌어 보는 것을 장려하는 신의 정책일까. 대리기사는 오늘도 발바닥에 땀이 나도록 뛰겠지, 도대체 왜 난 대리기사의 삶에 화가 나는 걸까. 왜 그들은 일한 만큼 정당한 대가를 받지 못하는 걸까.

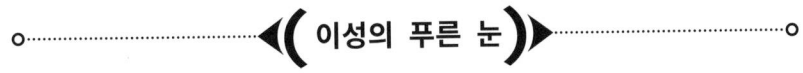

이성의 푸른 눈

무리 지어 사는 곳에는 계급이 형성될 수밖에 없다. 하다못해 벌들도 여왕벌이 있고 일벌이 있지 않은가. 새들도 우두머리 새가 있어서 그 새를 따라 무리 지어 날아간다. 이런 우두머리의 존재 가치는 분명히 있다. 만일 어떤 사회에 한 무리를 이끌 사람이 없다고 치자. 그렇다면 일대 혼란이 일어나게 될 것이다. 하다못해 초등학교 교실에 반장이 없다고 해도 아이들을 통솔하기가 수월

치 않은 것이다. 그러므로 어떤 사회에서 맨 윗줄에 선 몇 명이 있다는 것에 대해 분노할 이유는 없다.

대리기사와 손님의 관계, 대통령과 걸인의 관계, 평사원과 사장의 관계 등 얼핏 보면 갑과 을의 관계라고 보기 쉽다. 하지만 그것 또한 생각의 오류다. 이들은 모두 자신의 필요에 의해서 형성된 관계다. 대리기사와 손님 역시 그렇다. 대리기사는 손님이 있으므로 돈을 벌 수 있고 손님도 대리기사가 있어서 술 취한 육신을 무사히 집까지 가지고 갈 수 있다. 그러므로 그들은 서로에 대한 예의를 지켜야만 하는 것이다. 일한 만큼 정당한 대가를 받지 못하는 등의 부조리한 사회의 모든 걸 한 개인이 바꿀 수는 없다. 하지만, 최소한 서로의 인격을 존중하는 모습은 보여줄 수 있는 것이다.

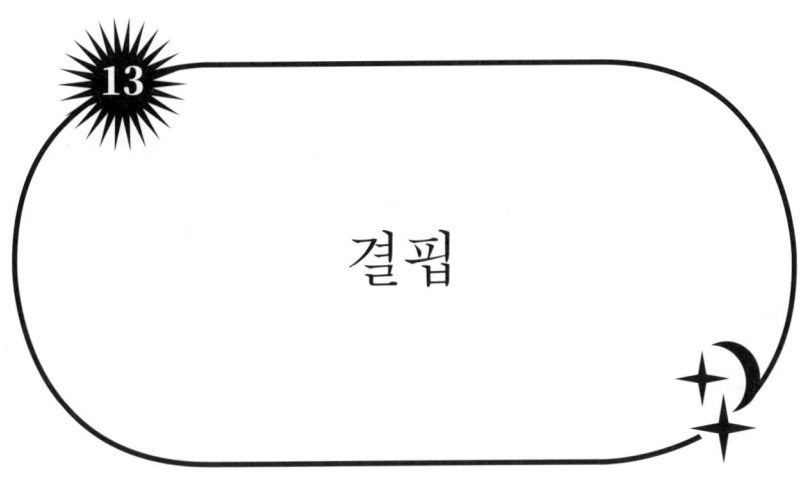

결핍

◀《 혼란의 붉은 혓바닥 》▶

 감당하기 어려운 일들은 갑자기 찾아오기 마련이지. 내게도 그런 일이 생겼었어. 어느 날, 느닷없이 오른쪽 눈 밑이 덜덜덜 떨리기 시작하는 거야. 마치 눈 밑에 성격 더러운 애벌레가 사는 것 같은 느낌이었지. 아니, 도대체 왜 떨리는 거지? 혼자서 원인분석에 나섰지. 요즘 대부분 사람이 그러하듯이 나 역시도 인터넷으로 검색해봤지.

"눈 밑이 자꾸만 떨려요."

이렇게 검색하자, 나처럼 눈 밑이 떨려서 고민인 사람들의 글이 헤아릴 수 없이 많이 있더라. 전문가들의 답변도 달려 있고 일반인들의 경험에서 우러나온 답변도 달려 있었지. 그중에 대부분의 글에는 '마그네슘 결핍'이라는 말들이 있었어. 마그네슘이 결핍되면 근육에 경련이 일어난다고 하더군. 그래서 난 얼른 약국으로 달려갔지. 철분이 결핍되어서 빈혈약을 먹고 있던 나는 또다시 마그네슘 결핍을 해소하기 위해 약을 사야 했어.

"저 눈 밑이 떨려서 그러는데요. 마그네슘 보충제 좀 주세요."

그러자 약사가 빙그레 웃더군.

"이 약이 효과가 좋아요. 꾸준히 드세요."

그 약을 들고 집에 오는데 왜 그렇게 자꾸 눈물이 나려고 했는지 모르겠어. 결핍된 게 한두 개가 아닌 내가 서글퍼서였을까?

◀(이성의 푸른 눈)▶

사람들이 붐비는 오후 시간인데도 영자씨의 반찬가게는 한산하다. 그래도 이렇게 가게 문을 닫지 않고 있는 것은 어쩌면 자신의 인생에 대한 억울함 때문인지도 모른다. 그녀는 세 살 무렵 고아원에 맡겨져 그곳에서 성년이 될 때까지 자랐다. 지금도 부모에 대한 어떤 기억도, 정보도 없다. 누가 자신을 이 세상에 만들어 내

놓았는지 모르는 것이다. 그녀가 버려진 것은 어쩌면 얼굴에 있는 흉측한 반점 때문인지도 모른다. 그녀의 얼굴은 절반 넘게 혐오스러운 붉은 반점이 차지하고 있다.

그런 얼굴로 육십 년을 넘게 살아왔다. 모든 게 부족한 인생이었다. 그런 그녀에게 단 하나의 희망이 있다.

"엄마, 제가 가게 볼게요. 들어가서 쉬세요."

올해 스무 살이 된 딸이었다. 딸아이는 명문대에 합격했으며 공부를 잘해 전 학년 동안 장학금을 받게 되었다. 그런 딸이 없었다면 자신은 지금까지 살아있지 못했을 것이라고 짐작했다.

"괜찮아. 항상 해오던 일인데 뭘."

그렇게 말은 했지만, 딸아이의 성화에 못 이겨 가게를 맡기고 집으로 들어왔다. 남편은 이십여 년 전에 친구의 아내와 바람이 나서 도망갔다. 소식조차 모른다. 그래시 디 이를 악물고 살이왔는지도 모른다. 착한 딸이 효도를 하지만 그래도 마음 한구석은 자꾸 허하다. 무엇이 부족한 것일까. 아직도 영자씨의 가슴은 결핍상태다.

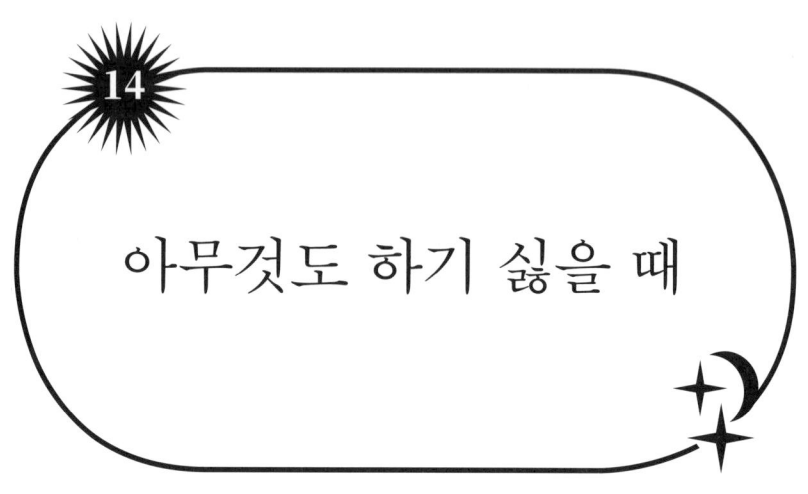

아무것도 하기 싫을 때

◀◀ 혼란의 붉은 혓바닥 ▶▶

아무리 좋아하던 일도 가끔은 정말 진저리치게 하기 싫을 때가 있지. 바로 지금이야. 난 정말 지금 글을 쓰기 싫거든. 그래도 이렇게 글을 쓰는 이유는 무엇 때문일까. 그 이유에 대해 짐작해봐. 그 이유는 이러하겠지. 작가로서의 책임감. 인간으로서의 의무이행. 혹은 그도 저도 아닌 심심풀이 땅콩. 이건 나태함과는 차원이 다른 거야. 나태한 인간은 이유가 없이 게으른 것이니까. 내가 지금 아무것도 하기 싫은 데는 분명히 이유가 있다니까.

정말 아무것도 하기 싫다. 미치도록 일하기 싫다. 일하면 꾸웩~ 토할 것 같다. 컴퓨터 화면을 부셔버리고 싶다. 그렇게 좋아하던 글쓰기가 마치 나를 가둔 감옥 같은 것이다. 누군가 내 목에 서슬 퍼런 식칼을 들이대고 이렇게 속삭인다.

"빨랑 글 써! 안 그러면 네 모가지를 댕강 자르고 말 것이니까."

그래도 정말 하기 싫은 마음을 속일 수는 없다. "오늘만은 정말 아무것도 하기 싫은데요." 하고 소심하게 반항해본다. 그러나 그건 아무도 알아주지 않는 사회적 약자의 반항일 뿐이다. 나는 다시 글을 써야 한다. 이 미친 짓.

이성의 푸른 눈

누구나 그렇다. 가끔은 아무것도 하기 싫어진다. 그저 멍하니 하늘을 바라보고 누워도 있고 싶고, 나를 알아보는 사람 하나 없는 낯선 곳으로 훌쩍 떠나고 싶어진다. 그건 인간의 본성이다. 자유를 향한 갈망이 그것이다. 지금 내가 아무것도 하기 싫은 것은 나태하다거나 불성실하다는 것과는 거리가 멀다. 다만 또 다른 내 자신이 많이 지쳐 있다는 의미다. 지금까지 아무 말 못하고 외면의 내가 시키는 대로 일하던 또 다른 내가 지칠 대로 지쳐 있다는 신호인 것이다.

  그러므로 아무것도 하기 싫은 것은 내가 내 자신을 제대로 돌보지 못하였다는 실질적인 증거가 되는 셈이다. 나는 그동안 나에게 너무나 무심했고 상처받게 했고 외롭게 했다. 그렇지 않았다면 지금 이토록 아무것도 하기 싫어질 리가 없는 것이다. 사람은 누구나 그렇다. 자신의 모든 걸 내팽개쳐 버리고 싶을 때가 온다. 그럴 때는 자신이 그동안 스스로를 어떻게 관리해왔는가를 자성해야 한다. 외롭다고 말할 때 모른 척하지는 않았는지, 슬프다고 할 때 눈물샘을 막아버리지는 않았는지 자기 자신의 태도를 점검해 봐야 한다. 아무것도 하기 싫다는 건 지금 미치도록 무언가를 하고 싶다는 또 다른 표현이라는 것을 기억할 것.

그 남자의 밥그릇

◀◀ 혼란의 붉은 혓바닥 ▶▶

한 사람이 몇 달째 두문불출이라는 신고를 받고 긴급 출동한 구급대원들이 불안한 예감을 안고서 안에서 잠긴 문을 땄다.

'저 문을 열면……'

불안한 예감은 항상 잘 들어맞는 법이다. 예상대로 문을 열자마자 훅 풍기는 비린내와 악취, 그리고 그 안에서 발견된 한 남자의 사체. 남자는 왜 죽었을까. 아직 젊은 것 같은데. 동네 사람 그 누구도 그가 누구인지 모른다고 했다. 나도 물론 그 남자를 모른다. 여름이라 냄새도 심했을 텐데 이웃들은 다들 콧구멍이 막혔나.

누런 구더기가 우글거리는 시신 곁에 밥그릇이 놓여 있다. 그 밥그릇 안에는 몇 달 전에 먹고 남긴 김치찌개가 푹 썩어 있다. 거기에도 우글거리는 참 부지런한 구더기 떼들. 저 구더기들은 도대체 이곳에서 뭘 먹은 거지? 쓸데없는 상상이 된다. 사람은 죽어서 악취를 남기고, 구더기를 남기고, 밥그릇을 남긴다. 그 남자의 밥그릇에 밥을 퍼주고 싶다. 따뜻한 밥통에서 갓 지은 검은 콩밥을 덜어서 그 밥그릇 가득 담아주면 어떨까. 미친 상상력이다. 그런다고 그가 살아 돌아올 가능성은 제로인데.

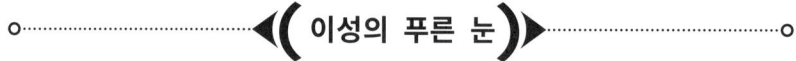

이성의 푸른 눈

가족들도 이미 오래전에 그와 소식을 끊었다. 돈 번다고 서울에 올라간 서른세 살 청년이 가족들로부터 외면받은 까닭은 무엇일까. 나는 문득 그가 궁금하다. 아마 그는 대학을 졸업하고 변변한 직장을 구하지 못한 채 가족들의 눈칫밥을 먹다가 상경하였을 것이다. 그리고 서울에서 어렵게 구한 어느 직장에 다녔을 것이다. 그러다가 아마 실직을 했나? 글쎄, 어찌 되었든 그는 죽었단다. 그가 죽었다는 걸 확인한 건 가족도 아니고 친구도 아니고 119구급대원이란다. 집주인이 보증금이 다 닳아지자 그의 생사를 궁금해했다는 것이다.

  그는 당뇨나, 고혈압 같은 오랜 지병이 있었을지도 모른다. 아니면 갑작스런 심장마비로 생을 달리했는지도 모른다. 아니, 누군가의 손에 의해 타살되었는지도 모른다. 찢기지 못하고 멈춰진 9월의 달력이 그가 언제쯤 이 세상을 하직했는지 알려준다. 그가 남긴 밥그릇은 그가 최후의 순간에 다다르기 전 뱃속에 무엇을 투여했는지 알려준다. 우리는 다만 그가 남긴 밥그릇으로 그가 김치찌개를 먹었다고 유추한다. 그 남자는 이 세상에 밥그릇을 남겼다. 그 밥그릇은 한 가지 진실을 말한다.

  "누구든 살아있다면 무엇이든 먹어야 한다는 것!"

  그는 더 이상 무엇인가를 입에 넣을 수 없는 처지가 되었다.

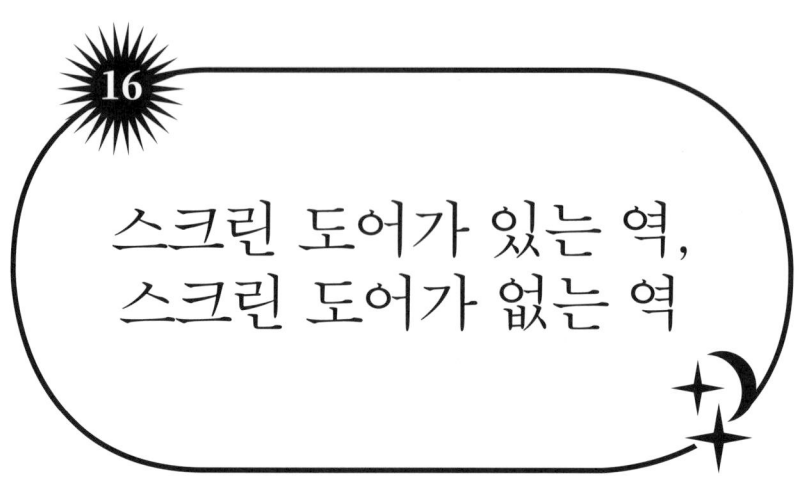

16. 스크린 도어가 있는 역, 스크린 도어가 없는 역

◀《 혼란의 붉은 혓바닥 》▶

소읍에 사는 내가 서울에 가는 건 아주 가끔이다. 출판계약도 거의 우편으로 하는 편이다. 십 대 때 서울에서 몇 년을 살았어도 이놈의 서울은 갈 때마다 생소하다. 얼마 전에 갔더니 스크린 도어라는 것이 설치되어 있더구만. 열차가 오면 자동으로 스르르 열리는 그 문은 마치 지옥문 같기도 했지. 그것 참 요상한 물건이야. 누구의 아이디어인지 몰라도 잘 만들었다 싶었는데 어느 역에 가면 그것이 설치되어 있지 않았었다.

어떤 학생이 부모님의 꾸지람을 받고 가출한 지 몇 시간 만에 어느 역에서 투신해 숨졌다는 뉴스를 봤다. 그래서 문득 스크린 도어가 생각났다. 그곳엔 스크린 도어가 설치되어 있지 않았던 것이다. 아니, 왜 스크린 도어도 동네 차별하면서 설치하는 건가? ○○○에 사는 사람들은 사람도 아닌가. ○○○, 하면 나의 십 대 시절을 찬란하게 보낸 곳이기도 한데 말이다. ○○○역에 스크린 도어가 설치되지 않아서 열 받는다. 누구야 도대체? 누구 맘대로 이곳엔 스크린 도어를 설치하고 저곳은 설치하지 말라고 했어?

◀◀ 이성의 푸른 눈 ▶▶

냉정하게 보자면 학생이 투신한 역에 스크린 도어를 설치하지 않은 건 행정상의 문제다. 만일 학생이 그곳에 스크린 도어가 설치되어 있었다면 자살하지 않았을지는 의문이다. 죽고 싶은 사람은 어떻게든 그것을 실행해 옮기는 법이다. 스크린 도어는 그러므로 죄가 없다. 하지만 나는 대한민국의 일원으로서 꽃다운 어린 생명의 삶을 지키지 못한 것에 대해 슬퍼하는 것이다. 스크린 도어가 설치되었더라면 최소한 아이는 그곳에서 죽지는 않았을 것이다.

열차를 운전하는 기관사들은 가끔 그런 일들을 겪는다. 그런 일을 겪게 되면 기관사는 트라우마 때문에 거의 정상적으로 생활하기가 어렵다. 그럴 거야. 얼마나 충격이 크겠는가. 자신의 잘못도 아닌데 자기 탓으로 여겨지고 운전할 때마다 그날의 공포가 느껴질 것이다. 적어도 스크린 도어를 설치하기로 했다면 모든 역에 공평하게 설치했어야 한다. 이에 대해 분노하는 건 국민으로서 당연한 감정이다. 그렇게 한다면 애꿎은 기관사들이 자살시도자들의 출현을 염려하면서 살아가지도 않을 것이고 자살시도자들도 적어도 전철역에서 비참하게 죽지는 않을 것이다.

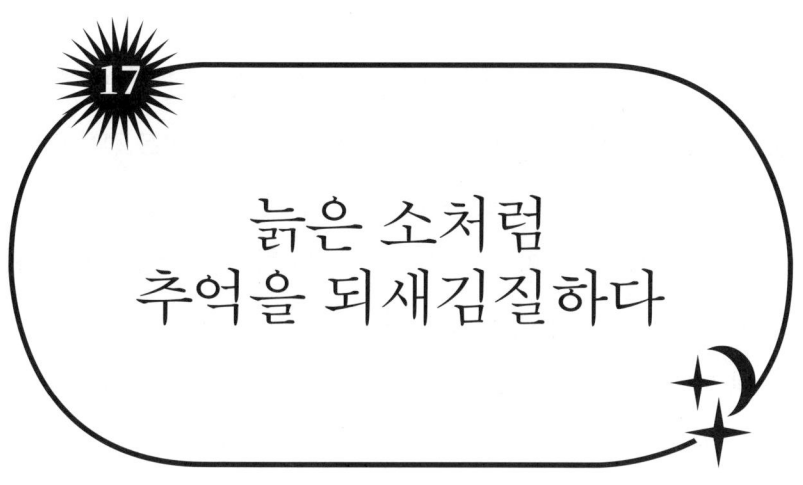

혼란의 붉은 혓바닥

잠시라도 틈만 나면 추억을 꺼내 되새김질한다.
"참 맛있다!"
나도 모르게 내지르는 기쁨의 탄성. 이 맛을 어디에다 비유할까나. 그 무엇과도 비교 불가다. 첫사랑과의 짜릿한 첫 키스보다 더 달콤하고 아찔한 맛이다. 추억을 먹고 있으면 근심 걱정이 모두 사라지고 이곳이 천상이요, 이곳이 극락이니 아무도 나를 괴롭게 하지 못한다. 단, 추억이 즐거운 것이라야 하지만 말이다. 재수 없게 간혹 기분 나쁜 추억이 불현듯 떠오르기도 한다. 누군가와 대판 싸웠던 기억이나 운 없게 보낸 어느 해의 기억들. 무참하게 견뎌야 했던 오롯한 시간의 흔적들.

그래도 나는 소처럼 그 모든 추억들을 되새김질하는 게 좋다. 그래, 얼마나 행복한 일인가. 멍하니 앉아서 추억을 꺼내 씹어 먹는 내 모습이 참 평화롭다. 그렇다. 난 평화롭다. 하지만 내면으로는 썩었다. 가슴이 썩었고 마음이 썩었다. 왜냐하면 추억을 되씹는다는 건 나 지금 아주 많이 외롭다는 간접적인 신호이기 때문이다. 솔직히 말해 내가 외롭지 않다면 추억을 꺼내 먹을 필요는 없다. 그러므로 추억은 내 외로운 시간을 때워줄 적절한 간식에 지나지 않다. 소처럼 우걱우걱 추억을 먹지만 하나도 배부르지 않은 것도 그 때문이다.

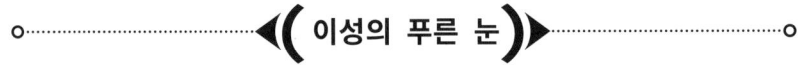

이성의 푸른 눈

인간이기에 짊어지고 갈 수밖에 없는 천형이 있다. 그건 태어남과 죽음이다. 우리는 이미 알고 있지 않은가. 언젠가는 죽을 수밖에 없다는 사실을. 그래서 이 짧은 생이 참 서글프다. 그러나 많은 이들이 이러한 사실을 잊고 살려고 한다. 아니, 이미 잊어버린 지도 모른다. 그들은 너무나 바쁘게 하루하루를 살아가고 있는 중이다. 새벽부터 일어나 동동거리면서 살아가는 사람들에게 죽음은 먼 나라 이야기만 같다. 막상 가까운 가족이나 지인들이 죽어도 잠시 슬퍼하다 곧 잊고 산다.

그러나 그건 겉으로 보이는 인간의 일면일 뿐이다. 실상은 사람들 모두가 죽음이 곧 다가온다는 것을 예민하게 감지하고 있는 중이다. 그래서 살아생전의 기쁨을 더 누리려 장수식품을 찾아 먹고 건강을 챙기는 것이다. 그리고 그러한 죽음에 대한 두려움은 과거로의 회피로 이어진다. 그것이 바로 추억 먹기다. 추억은 죽음에 대한 두려움을 잠재워주는 강력한 진통제다. 아름다웠던 지난 시절이야말로 한 사람에게 미소를 안겨주는 안성맞춤의 선물인 것이다. 소처럼 추억을 씹어도 추하지 않는 것은 인간이라면 누구나 추억 속 어느 날을 애틋하게 그리워하기 때문이다.

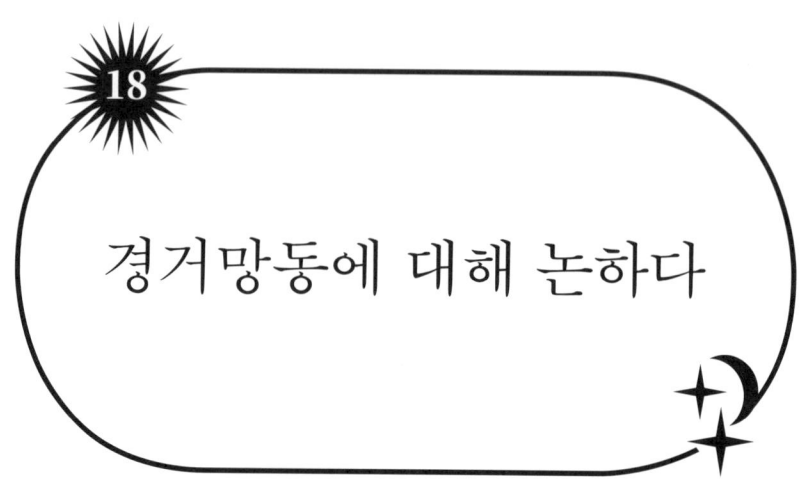

경거망동에 대해 논하다

◀《 혼란의 붉은 혓바닥 》▶

그의 두터운 검은 입술은 단 한시도 가만히 있질 않는다. 무엇이든 조잘거리거나 우물거리느라 바쁘다. 그가 하는 말은 그러나 아무리 살펴봐도 최소한의 영양가도 없는 쓰레기 같은 것들 뿐이다. 엉덩이는 씰룩거리고 코를 킁킁대면서 오늘의 희생양을 찾는 그에게 세상 모든 사람은 맛있는 먹잇감이다. 그러나 아무도 그에게 그것이 경거망동하는 짓이라고 지적해주지 않는다. 왜? 후환이 두려우니까. 혹시 대낮에 따끔한 칼침 맞을지 모르니까.

"조금만 더 진중하게 생각하고 행동하라고? 꼴값 떠네. 그딴 건 엿이나 바꿔 먹으라고 그래."

남자가 술에 취해 고래고래 소리친다. 그가 그렇게 말하는 데는 다 그럴만한 이유가 있다. 그는 단 한 번도 진중하게 생각해본 적이 없었고, 그런 부모를 가진 적이 없었기 때문이다. 또한 진지하게 생각한다는 것이 도대체 무엇인지 생각해본 적도 없다. 경거망동한 그의 언행은 이미 정평이 나 있다. 그러나 그의 앞에서는 모두 입을 다물 뿐이다. 왜? 귀찮아서. 그 누구도 자신의 행동이 경거망동이라는 걸 직언해주지 않을 것이므로 그는 죽을 때까지 그렇게 살 것이다.

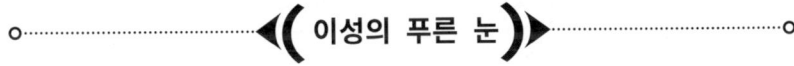

이성의 푸른 눈

인간은 여러 부류가 있다. 그중에는 경거망동하는 인간, 경거망동하지 않는 인간이 있다. 그 둘의 차이는 무엇일까. 문득 경거망동에 대해 논해보고 싶은 오늘이다. 오늘은 마침 중국에서 황사보다 더 지독한 스모그란 녀석이 넘어 들어오는 날이다. 경거망동과 스모그. 이 둘의 공통점을 굳이 찾아보자면 인간의 건강에 해를 끼친다는 것이 아닐까 싶다. 스모그에 포함된 미세입자들이 폐 깊은 곳까지 침투해 건강을 위협하듯 경거망동하는 사람의 말과 행동은 다른 이들에게 심각한 폐해를 끼친다.

경거망동은 이처럼 타인에게 보이지 않는 손해를 끼칠 뿐만 아니라 실질적 손해를 입힌다. 그리고 자기 자신에게도 막대한 손해를 입히게 되어 있다. 조금만 더 신중하게 생각해서 행동했더라면 막을 수 있는 사고도 경거망동함으로써 일으키는 예를 볼 수 있다. 경거망동이란 자신의 행동에 책임을 지지 못할 짓을 저지르는 것이다. 조금만 더 진중하고 진지하게 생각하고 행동하는 사람이 된다는 건 경거망동으로부터 유발될 수 있는 불행을 막을 수 있는 최선의 선택이다.

19

50억 자산가는
왜 노숙자가 되었을까

《 혼란의 붉은 혓바닥 》

　서울역에서 노숙하던 가난뱅이 노숙자가 15억을 도난당했대. 알고 보니 그의 총재산은 무려 50억, 5억도 아니고 50억? 대체 어떻게 된 일이래? 그는 부모로부터 그 많은 재산을 물려받았대. 좋겠다. 누구는 재산은 고사하고 빚만 잔뜩 물려받기도 하던데 말이야. 그런데 그 사람은 왜 그 많은 재산을 가지고 노숙자 신세가 되었대? 일반인으로서는 이해하기 어려운 마인드를 소유한 사람인가 보군. 미친 사람 아니야? 왜 노숙자가 된 거야.

　어떤 놈은 부모 잘 만나서 50억이나 공짜로 물려받고. 어휴~ 하긴 부모 잘 만나는 것도 지 복이지. 15억이 무슨 껌값도 아니고 그걸 도둑맞고도 멀쩡하대? 나 같으면 부아가 치밀어 벌써 죽었겠구먼. 뭐? 가끔 불쌍한 노숙자들에게 술도 사주고 밥도 사줬다고? 거지 적선하냐? 돈 좀 있다고 놀고 있었구먼. 누군 그렇게 안 살고 싶은 줄 아나. 우리도 가난한 이웃에게 턱 하니 돈 천만 원 내어주고 밥도 사주고 술도 사주고 그렇게 살고 싶은 마음 굴뚝같다고. 하지만 어찌하겠나. 이놈의 구차한 삶이란.

이성의 푸른 눈

　누가 훔쳐 갔든 간에 그것은 어차피 이제는 그의 돈이 아니다. 그는 이미 자신의 돈에 대한 값어치를 그렇게 매겨놓았기 때문이다. 적어도 그가 노숙자로서 살기로 결심한 순간에 자신의 50억도 함께 '노숙 돈'이 되었다는 것을 부인할 수는 없을 것이다. 최소한 통장에 넣어두기라도 했더라면 그처럼 허무하게 돈을 날리지는 않았을 것이다. 하지만 그에게는 그렇게 하고 싶은 마음이 이미 없었던 것이다.

　노숙자의 돈이 무려 50억이라는 말에 입이 떡 벌어지는 건 노숙자에 대한 편견 때문이다. 노숙자는 가난하고, 돈 없고, 더럽고,

최하층이라는 그런 선입견 아닌 선입견 때문에 50억을 지닌 노숙자라는 말에 놀라는 것이다. 어쩌면 그는 이런 편견을 깨기 위해, 일부러 그 큰돈을 가지고 노숙을 하고 있었는지도 모른다.

"이것들 보라고, 노숙자도 이렇게 많은 돈을 가지고 있을 수 있다고."

그러한 그의 소리 없는 외침은 어느 겨울 아침에 전 국민을 술렁이게 만들었다. 어떻게 노숙자가 50억을 지니고 있을 수 있지? 노숙자와 50억은 아마 오랫동안 미스터리로 남을 것이 분명하다. 적어도 사람들이 돈에 대한 관점을 바꾸지 않는 한.

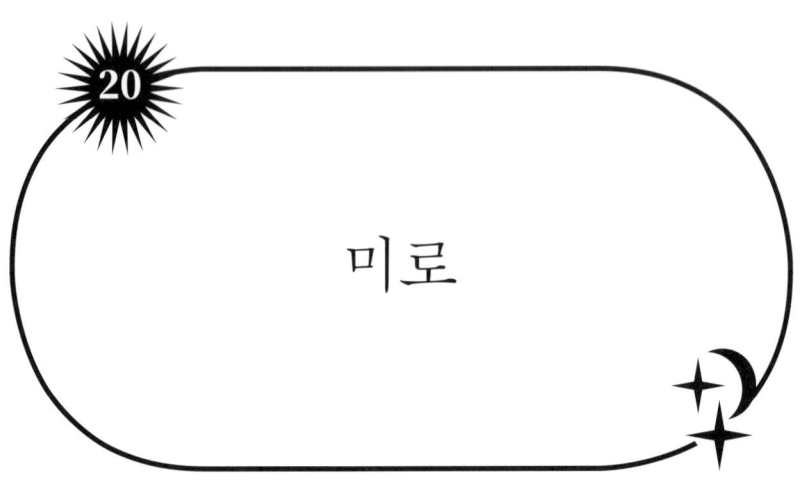

미로

◀《 혼란의 붉은 혓바닥 》▶

 비슷한 길이 끊임없이 이어진다. 분명 이건 같은 길, 혹은 다른 길. 구불구불 이어진 매끈한 돼지 창자 같은 길 속에서 길을 잃는 여자. 종합병원이 리모델링을 한단다. 뭔가 좀 더 종합적으로 보이려고 하는 짓일까. 도대체 무엇을 얼마나 더 근사하게 보이고 싶어서 리모델링을 하는 거야. 혼돈 속에서 배회하는 눈먼 물고기 같은 사람들이 이곳저곳을 기웃거린다. 미로와 같은 길을 더듬기 위해 병든 환자들이 하나, 둘 자신만의 촉수를 꺼내든다.

"어느 과를 찾으시나요?"

상냥한 안내원의 물음에 순간 미로 속을 헤매던 사람의 뇌 속이 하얗게 박피된다. 생각의 박피는 그렇게 한참 진행된다. 비듬 같은 생각의 파편들이 떨어져 내린다. 더럽다, 혹은 불결하다고 생각한다. 이 길의 끝에는 무엇이 있을까요? 이렇게 물어보고 싶은 여자의 마음은 그러나 마음만이다. 구불구불 이어진 창자 같은 길 속에서 아직도 여자는 방황 중이다. 도대체 무엇을 위해 멀쩡한 공간을 난장을 만들어 놓은 거야? 침을 뱉고 싶은 미로. 처음으로 돌아가려면 아직 한참 더 헤매야 한다는데.

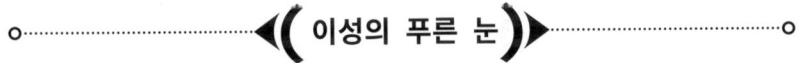

이성의 푸른 눈

긴 인생길 살면서 누구나 한 번쯤 길을 잃는다. 잘 걸어가던 사람이 어느 날, 시궁창에 빠진다든지 하는 일은 매우 흔하다. 출구가 보이지 않는 미로는 우리의 곁에 항상 존재하는 문이다. 그곳에 들어서는 것은 단지 시간문제다. 누구든 그곳에 입문하는 순간 매우 혼란스러울 수밖에 없다. 미로란 원래 그런 곳이니까. 실재하는 미로도 그러하지만 생각 속의 미로는 더욱 혼돈의 공간이다. 사랑, 미움, 연민, 공포 등의 감정으로 생각의 미로는 항상 만원사례일 것이기 때문이다.

단지 삶이 힘겹다는 이유로 죽고 싶어 한 적이 있는 사람이라면 미로 속으로 자진해서 들어가 보는 것이 좋다. 미로는 치유의 공간이며 휴식의 공간이기도 하다. 육신의 피로보다 더한 정신적 피로를 풀 수 있는 곳이 바로 미로라는 비밀스러운 곳이다. 가슴 속에 은밀하게 간직한 나만의 미로는 그러므로 매우 유익한 공간인 것이다. 가끔 미치도록 그곳을 벗어나고 싶은 것은 삶이 덜 힘겹다는 의미다. 손끝 하나 까딱할 수 없을 만큼 지칠 때는 아무도 나를 찾을 수 없는 미로가 유일한 안식처가 될 것이다.

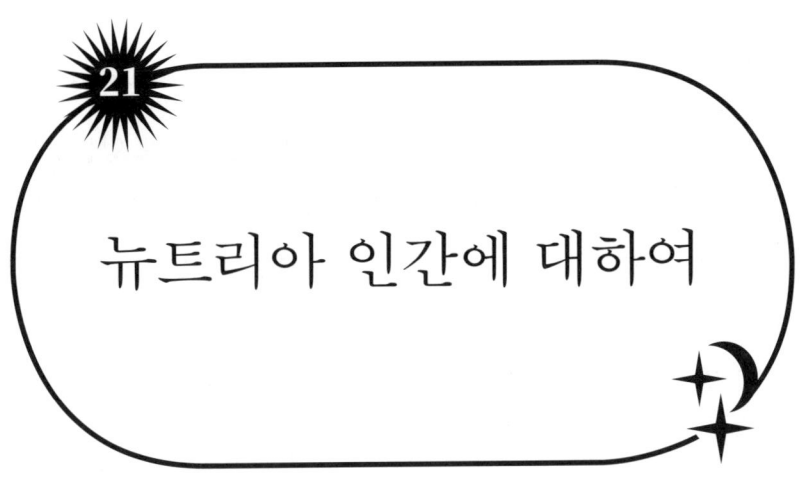

뉴트리아 인간에 대하여

《 혼란의 붉은 혓바닥 》

툭 튀어나온 두 개의 주황색 이빨이 유독 탐스럽다. 녀석은 습지에서 산다지? 그러게, 제 고향은 저 머나먼 남미라는데 도대체 왜 우리나라에 들어와서 말썽인가 말이다. 요즘 뉴트리아 헌터들이 부쩍 늘었다더라. 마리당 3만 원, 별 거 아닌 거 같지만 어떤 사람은 그걸 백 마리나 넘게 잡아서 삼백만 원이 넘는 돈을 벌었다네. 헐. 그거 꽤 짭짤한 수입이구먼.

왕쥐같이 생긴 게 겁도 없다. 헌터가 쏜 총을 맞고서도 살아서 다시 물속으로 숨어든다. 결국에는 죽어서 발견되지만, 그 습성이 섬뜩하다. 대왕쥐라고 불러도 좋은 뉴트리아는 습지에 있는 모든 생물을 먹이로 삼는다고 하더라. 그런데 말이야. 이렇게 생태계를 교란시키는 외래종 같은 인간들이 우리 주변에 있다는 거 아니? 뉴트리아처럼 물불 가리지 않고 행동하는 인간들이 꽤 있대. 그들의 특징은 앞니가 주황색인 것도 아니고 꼬리가 달린 것도 아니래. 매우 분간이 어렵다네. 그들을 일명 뉴트리아 인간이라고 부르지.

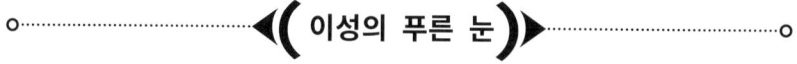

이성의 푸른 눈

누가 자신에게 당신은 뉴트리아 인간입니까? 묻는다면 어떻게 대답할까. 사람들은 자신이 매우 성실하고 착한 사람이라고 생각하며 산다. 그런데 바라는 이상향의 사람과 현실 속의 자신이 일치되지 않는 경우가 더 많다. 자신이 보는 자신과 타인이 보는 자신이 다르다는 말이다. 그건 뉴트리아 입장에서도 마찬가지. 어찌 보면 뉴트리아는 자신의 삶의 방향대로 잘 걸어가고 있는 중인지도 모른다. 원래 그것은 그렇게 태어났기 때문이다.

하지만 뉴트리아가 조금만 교육을 받는다면 어떨까. 인간을 비롯한 다른 생명들과의 공생관계에 대해 배운다면 지금보다는 더

야만적이지 않게 될 것이다. 하지만 그런 일은 절대 없을 것이다. 왜냐하면 뉴트리아는 뉴트리아이기 때문이다. 인간 중에도 뉴트리아처럼 주변에게 해만 끼치는 존재가 있다. 그들은 왜 자신이 다른 사람들로부터 그렇게 욕을 먹는지 잘 모른다. 아이러니하게도 그들은 자신이 세상에서 제일 착한 사람이라고 생각한다. 그러나 그들 역시도 다른 존재와의 공생법에 대해 공부하지 않는다면 뉴트리아처럼 누군가에게 사냥당하고 말 것이다.

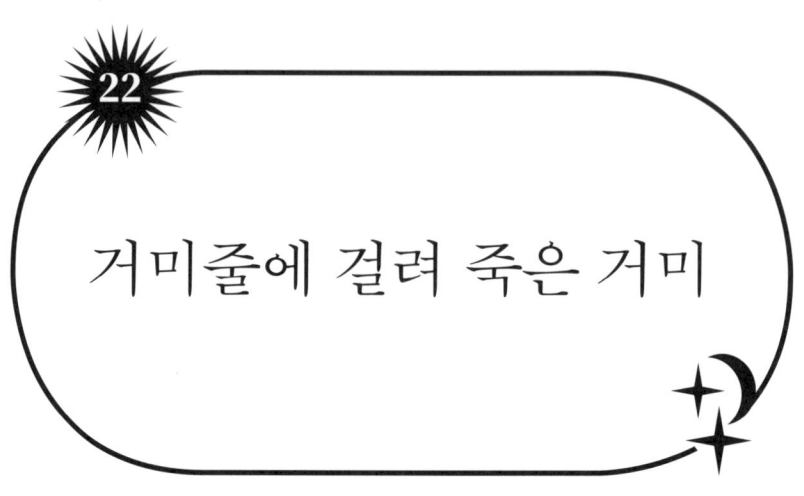

거미줄에 걸려 죽은 거미

◀《 혼란의 붉은 혓바닥 》▶

20○○년 12월 7일 토요일 오후 네 시, 밖이 소란스럽다. 어디서 땅을 파헤치는지 사방이 진동하고 있는 중이다. 이 소란한 오후 시간에 방구석에 걸린 거미 한 마리가 나의 시선을 사로잡는다. 잘생긴 미남도 아니고 멋진 풍경도 아닌 것이 내 눈을 끄는 이유는 단 하나다. 그것이 죽어 있기 때문이다. 게다가 자기가 만들어 놓은 거미줄에 걸려서 말라비틀어진 채 죽음을 맞이한 저 거미

는 무슨 사연을 지녔는가.

나는 어느 노숙자의 죽음을 문득 떠올리는 것이다. 혼란과 객기의 시간을 보낸 사나이의 최후는 빈 소주병과 구겨진 신문지가 다였다. 그가 남긴 것들을 일일이 헤아려봐도 열 손가락을 채 넘지 못했을 터이다. 그가 죽은 곳은 자신이 기거하던 지하철 역사 옆 시멘트 바닥이다. 그는 거기에서 말라비틀어져서 죽은 방 안의 거미처럼 죽어 있었다. 오랜 시간 궁기에 시달린 육체는 미라가 되기 직전이었다. 거미는 말한다. 나의 죽음을 다른 거미들에게는 알리지 말아 달라고 간곡히 부탁한다.

◀《 이성의 푸른 눈 》▶

같은 종족인 거미에게 자신의 죽음을 알리지 말아 달라고 부탁하는 거미나, 자신의 가족들이 길거리에서 죽은 자신의 모습을 보지 않기를 바랐던 노숙자나 우리에게는 아픈 손가락이다. 여전히 밖에서는 공사 중이라는 신호를 보내고 있다. 나는 내가 가장 좋아하는 노래를 들으면서 이 글을 쓴다. 이 노래 역시 누군가의 죽음 같은 창작의 고통을 이기고 세상에 나왔을 것이다. 그렇다면 방 한구석에서 죽은 듯이 죽어 있는 거미는 어떤 고통을 이기고 세상에 나왔을까.

거미 엄마는 생각했을 것이다. 우리 거미 아가가 훌륭하게 자라서 거미계의 큰 획을 그을 위대한 거미줄을 완성할 것이라고 기대했을 것이다. 그러나 거미는 엄마 거미의 기대에 부응하지 못한 채 짧은 생을 마감했다. 나는 이제 글쓰기를 마친 후에 저 슬픈 거미의 시신을 거둬야 한다. 그렇지 않는다면 그의 주검이 끝까지 외로울 것이기 때문이다. 지하철역 부근에서 숨진 노숙인의 주검은 누가 치웠을까. 그들은 그의 죽음을 갈무리하면서 눈물 한 방울이라도 흘려주었을까. 거미줄에 걸려 죽은 거미보다 불쌍한 주검이 참 많다.

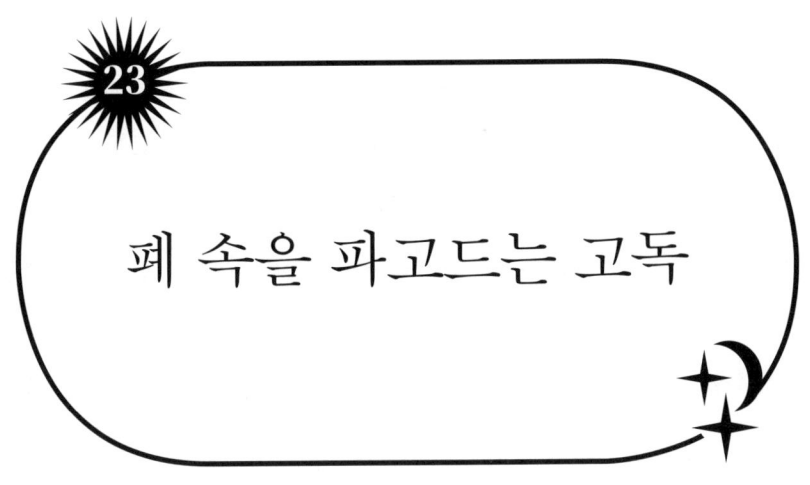

◀《 혼란의 붉은 혓바닥 》▶

중국에서 날아온 미세먼지는 지름이 10㎛ 이하인 중금속 등의 입자가 폐 세포 깊숙이 침투하기 때문에 인체에 치명적…… 황사 마스크를 써도 채 막을 수 없는 것이 어디 미세먼지뿐인가. 나는 폐 속이 아리다. 사람의 따뜻한 호흡을 함께 하면서 같은 공간에서 같은 꿈을 꾸고 싶지만 그건 어디까지나 상상뿐이다. 사람으로부터 받는 위안은 어디까지나 허구일 뿐. 그렇지, 인간의 더러운 이중성은 때론 순수한 사람의 마음을 갈기갈기 찢어버리지.

 어차피 혼자인 삶이라면 혼자 살다 혼자 죽는 것도 괜찮다 싶다. 하지만 홀로 깨어나는 아침에 폐 속을 파고드는 고독이 시리고 아프다. 고독이 나를 천천히 찌른다. 아니, 심장을 후벼 파고 폐를 야금야금 긁는다. 긁힌 폐가 답답해서 가래를 끌어올려 보려 발버둥치지만 잘 뽑아지지 않는다. 이 질긴 삶에의 연민, 사람에 대한 갈구, 인간에 대한 회한과 번뇌. 고독은 누군가와 함께 긴 밤을 지새운다고 해서 쉽게 사라지는 건 아니다. 그건 어디까지나 가당치 않은 착각일 뿐이다.

◀《 이성의 푸른 눈 》▶

 물론 그렇다. 부정할 수 없이 우리는 고독한 존재다. 나는 고독이 주는 사치와 고독이 주는 고통을 동시에 경험하면서 산다. 누구나 그러하다고 본다는 건 참으로 보편타당한 관점이다. 인간은 고독하지 않으면 안 되게끔 만들어진 것이다. 그렇지만 고독함을 피할 수 없는 숙명으로 여기면서 슬퍼할 필요는 없다. 왜냐하면 고독은 극복하라고 주어진 인생의 텍스트이기 때문이다. 손끝이 시리고 미치도록 외로울 때 누구 하나 손잡아줄 이 없더라도 슬퍼하지 말자.

 우리는 다만 자신이 더 이상 고독해질 수 없을 때를 경계해야 한다. 고독해질 수 있다는 건 그만큼 우리의 감성과 이성이 제대로 작동하고 있다는 반가운 증거이기 때문이다. 나는 고독해지는 시간 동안 감사한다. 폐 속을 파고드는 고독이 비록 나를 숨쉬기 어렵게 만들어도 고독에 대한 감사를 멈추지 않는다. 살아있어서 고독한 것이다. 죽지 않는 이상 그러므로 우리는 자신의 삶에 주어진 고독과 더불어 살아가야만 하는 것이다. 누군가와 함께 긴 밤을 지새우지 않아도 우리는 충분히 고독과 더불어 행복해질 수 있다.

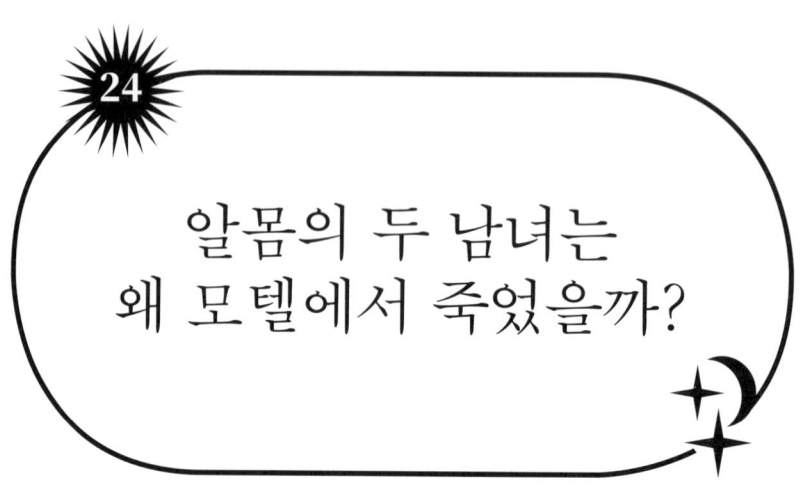

알몸의 두 남녀는
왜 모텔에서 죽었을까?

◀◀ 혼란의 붉은 혓바닥 ▶▶

12월, 추위가 성큼 인간을 습격해오고 있는 계절이다. 나는 장갑을 끼지 않으면 손이 얼음장 같다. 이런 얄미운 수족냉증! 이렇게 누군가는 손발이 얼어붙는 계절에 어느 모텔에서는 알몸의 20대 두 남녀가 죽은 채 발견되었다. 경찰은 아직 그들의 시신을 부검하기 전이지만 그 어떤 죽음의 단서도 찾지 못했다고 했다. 자살한 것도 아닌 것 같고 타살한 것도 아닌 것 같다는 애매모호한 입장 발표. 그렇다면 그들을 죽인 건 무엇이란 말인가.

입이 근질거리는 사람들이 그들의 죽음에 대해서 소설을 써댄다. 셜록홈즈와 명탐정 코난이 한둘이 아니다. 연인도 아닌 사이라는데 모텔에서 알몸으로 죽었다는 건 분명히 성관계를 전제로 한 만남이었을 것이라는 둥, 어느 자살 사이트에서 만나서 죽기 직전에 마지막으로 회포를 풀었다는 등, 한 사람이 약물을 타서 모텔로 유인했다는 둥. 이러쿵 저러쿵 하지만 어쨌든 푸르른 청춘 둘이 낡은 모텔의 냄새나는 침대 위에서 생을 마감한 건 바꿀 수 없는 사실이다.

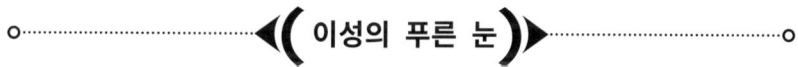

이성의 푸른 눈

명백히 드러난 사실은 두 사람은 사랑하는 사이가 아니었다는 것이다. 물론, 친한 사이도 아니었다. 만일 그들이 원나잇을 하려고 만난 사이라고 해도 그들의 죽음에 대해서 함부로 폄하하지는 않아야 한다. 적어도 그것은 죽은 이들에 대한 예의다. 순결을 지키는 사람이 더 이상한 사람이 되어버린 타락할 대로 타락한 사회지만 순결을 강요하는 것도 옳지 않다. 원나잇이란 것도 그러하다. 사랑하는 사람이 아니지만, 누군가와 만나서 하룻밤 지내고 싶은 것은 그들이 타락하거나 퇴폐적이라서가 아니라 외로워서인 것이다.

모텔에서 나체로 발견된 두 남녀의 시신은 그래서 더 애틋하다. 차라리 그들이 서로 열렬히 사랑하는 사이였더라면 덜 슬펐을 것이다. 사랑하는 사람과 한날한시에 죽는 게 소망인 사람도 더러 있으니까. 하지만 그들은 분명히 전혀 모르는 사이였다. 그래서 그들이 더 우리의 마음을 아프게 한다. 모르는 사람에게라도 기대어서 위로를 얻고 싶은 현대인들의 자화상. 외로워서 눈물짓는 사람이 어디 한둘일까. 낯선 이에게라도 자신의 지친 어깨를 기대고 잠시 쉬어가고 싶은 쓸쓸한 사람들이 너무나 많은 계절이다.

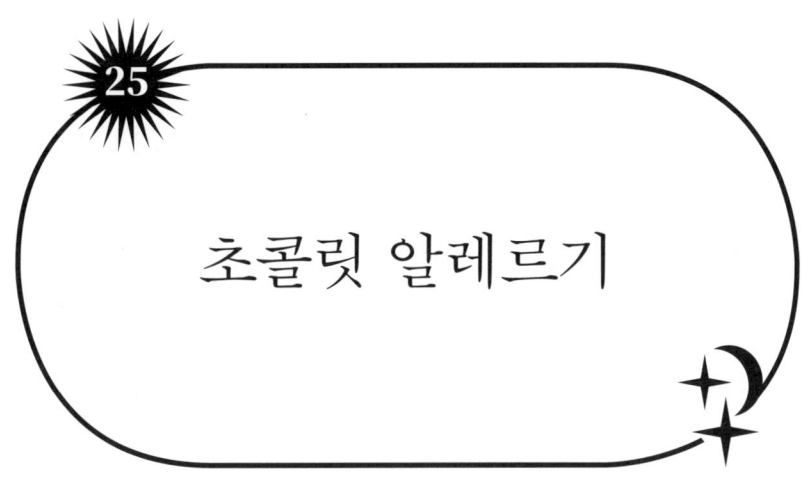

25 초콜릿 알레르기

◀《 혼란의 붉은 혓바닥 》▶

오랜 옛날부터, 내가 태어나서 살아오는 동안 초코 과자를 먹기만 하면 얼굴에 여드름 같은 것이 올라왔었다. 스멀스멀, 근질근질, 울긋불긋. 그것이 무엇을 의미하는지 나는 미처 몰랐다. 바로 오늘까지도 왜 내가 초콜릿을 먹기만 하면 그렇게도 피부가 벌겋게 달아오르는지 몰랐던 것이다. 참으로 바보 같은 일이다. 이 세상에는 갖가지 알레르기가 있다는 것을 이미 알고 있으면서 왜 초콜릿에도 알레르기 반응을 일으킬 수 있다는 걸 몰랐단 말인가.
 아마도 그건 초콜릿의 매혹적인 달콤함에 내 생각이 홀린 탓이 아닐까. 진한 갈색의 섹시한 자태의 초콜릿을 싫어할 사람이 얼마나 되겠는가. 나는 초콜릿이 주는 달달한 향기와 고혹적인 색깔과 미묘한 분위기에 매혹당한 것이다. 그래서 내 자신이 초콜릿을 먹고 난 후에 아픈 사실조차 까맣게 망각하고 만 것이다. 아주 멍청하게. 아, 오늘 비로소 나는 내가 초콜릿 알레르기가 있다는 사실을 알았다. 이것은 나쁜 소식일까, 혹은 좋은 소식일까.

◀《 이성의 푸른 눈 》▶

 달걀 알레르기, 복숭아 알레르기, 꽃가루 알레르기, 심지어 고등어 알레르기도 있다. 우유를 먹으면 알레르기 반응을 보이는 사람도 있고, 밀이나 보리에 포함된 글루텐 알레르기가 있는 사람들도 있다. 그러니 초콜릿 알레르기가 있지 말란 법은 없단 말이다. 극소수의 사람들은 이런 종류의 알레르기로 고통받고 있다. 초콜릿 알레르기라는 희한한 알레르기로 피부발진이 생기는 것을 억울해하는 건 시간 낭비요, 생각의 사치다.
 알레르기에 대한 뾰족한 약은 없다. 가장 좋은 약은 알레르기 유발물질을 피하는 것뿐이라는 것은 누구나 아는 상식이다. 그래, 초콜릿 알레르기가 있는 사람은 초콜릿을 안 먹으면 되고, 달걀 알레르기가 있는 사람은 달걀을 안 먹으면 그만이다. 뭐 그다지 깊이 슬퍼할 이유는 없다. 그것들 말고도 이 세상에는 먹을 것이 넘치고 즐길 것이 널려 있다. 그리고 무엇보다도 알레르기가 있어도 좋으니 단 하루만 더 살고 싶다는 시한부 환자들도 있다. 그러므로 우리는 자신의 삶에 반갑지 않게 찾아온 알레르기라는 손님을 사랑해야 한다.

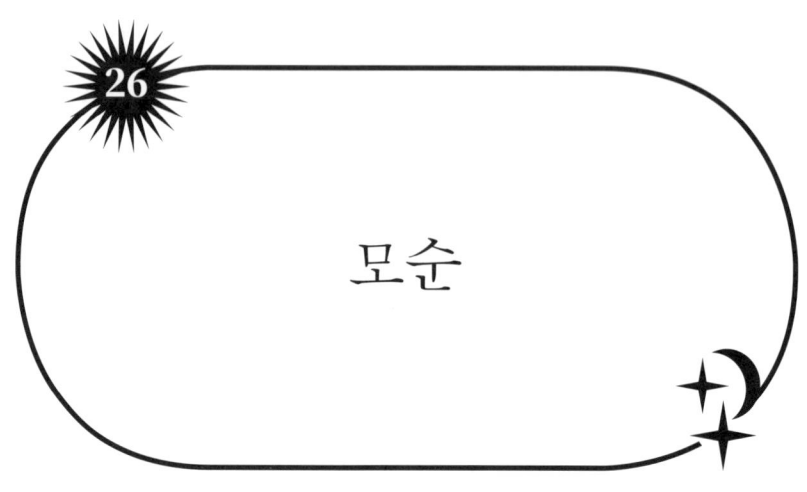

◀◀(혼란의 붉은 혓바닥)▶▶

O양은 2년 전 겨울에 캬라멜색 어그부츠를 샀었다. 마치 어린 시절에 먹던 카라멜 사탕 같은 색의 사랑스런 부츠. 그런데 어그부츠라는 게 멋스럽고 어려 보이는 장점 외에 치명적인 단점이 있었다. 바로 비가 샌다는 것이다. 어그부츠를 믿고 산 자신의 정수리를 도끼로 날강도가 찍어 내리는 것 같은 배신감. O양에게 어그부츠는 어느덧 모순덩어리가 되어버렸다. 적어도 부츠라는 관점

에서 보면 그러하다. 적어도 부츠란 추위를 막아주고 발을 따뜻하게 보호해주는 신발이 아니던가. 그런데 어그부츠는 그런 부츠로서의 사명을 다하지 못하는 것이다.

믿었던 사람에게 발등 찍힌 격이 된 그녀는 2년 된 어그부츠를 친구에게 주었다. 그 녀석과 이별하면서 그래도 가슴 한구석이 아리긴 했다. 하지만 신발의 대왕격인 부츠에 대한 모순을 적나라하게 보여준 어그부츠에 대한 미련은 없었다. O양은 새로운 부츠를 사기 위해 신발가게로 갔다. 적어도 이번만큼은 부츠다운 부츠를 사고 싶었다. 그래서 고른 빨강색 부츠. 절대 비가 새지 않는다는 그 부츠를 집에 데리고 왔지만, 자꾸 모순덩어리 어그부츠가 생각났다. 왜 그러지?

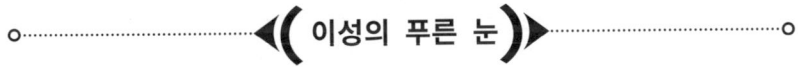

◀《 이성의 푸른 눈 》▶

어른이 어른답지 못할 때, 사회 지도층이 지도층답지 못할 때, 인간이 인간답지 못할 때, 도로가 도로답지 못할 때(출퇴근 시간 외에도 하루종일 꽉 막힌 멍청한 도로) 우리는 그것을 모순적이라고 생각한다. 무언가가 자신의 역할에 맞지 않거나, 기대에 걸맞지 않을 때, 우리는 그것의 모순점을 지적한다. 이것은 이러저러해서 큰 문제야, 저 사람은 이런 점이 정말 모순적이야. 그런데 막상 모순이 무엇이냐고 물어본다면 타인과 사물에 대한 모순점을 나열하던 이들은 굳게 입을 다물 것이다. 왜냐면 그들 자신도 모순이 무엇인지 잘 모르기 때문이다.

 2년 된 아직은 쓸 만한 어그부츠가 부츠로서의 사명을 다하지 못해서 한 여자에 의해 쫓겨났다. 이 사건의 발단은 모순에 대한 잘못된 접근이다. 어그부츠가 부츠 세계에서의 이단아라면? 부츠계의 새로운 혁명 또는 혁신적 아이템이라면 어떨까. 모든 혁명적인 물건들은 기존의 물건들과는 차별화된다. 그러므로 어그부츠가 모순점이라고 지적받은 물이 새는 단점은 단점이 아니라, 어그부츠만의 차별화된 매력인 것이다. 이런 어그부츠 같은 인간들은 도처에 있다. 물이 새고, 밑창이 너덜거리고, 털이 다 빠진 낡은 어그부츠 같은 사람들. 그들은 지금 자신만의 혁명을 꿈꾸고 있을지도 모른다.

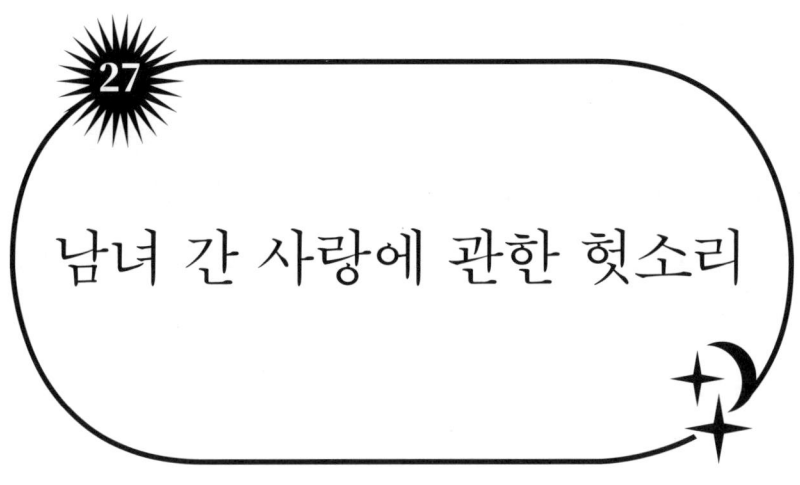

남녀 간 사랑에 관한 헛소리

　육체적 사랑을 완벽하게 배제한 사랑을 사랑이라고 말할 수 있는 이는 몇 명이나 될까. 나는 문득 그 점이 궁금해진다. 플라토닉 러브란 상상 속의 사랑에 불과할까. 서로의 몸에 손끝 하나 대지 않고 사랑하는 일. 말이 좋아 정신적인 사랑이지 한마디로 단정하자면 그건 성적 불구자들의 사랑 아닌가. 어떻게 인간이 성적인 감정을 전혀 배제하고 정신적으로만 서로 사랑할 수 있단 말인가.

종족 번식에 대한 인간 본연의 욕구를 끝까지 참아내는 인간이 도대체 몇 명이나 된단 말인가.

한마디로 플라토닉 사랑 어쩌고 하는 것은 모두 허영심에 들뜬 사람들의 헛소리다. 그들이 정말로 누군가를 사랑하게 된다면 먼저 상대방의 손을 잡고 싶겠지, 그리고 안고 싶을 것이다. 그리고 키스를 하고 싶어질 것이야. 그건 본능이니까. 그것을 추잡스럽게 생각한다는 것은 어불성설이지. 사랑한다면 이처럼 육체적인 사랑이 동반되게 되어 있거든. 그래서 그 부산물로 아이도 갖게 되는 거지. 그런데 말이야. 난 정말 궁금해. 그렇다면 인간은 육체적인 사랑으로 비로소 완벽한 사랑에 가까워지는 걸까. 그것만이 유일한 사랑의 결말일까. 궁금하거든.

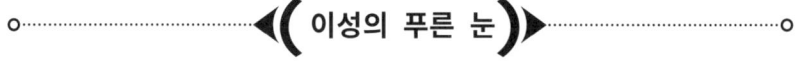

인간과 동물의 다른 점이 무엇일까에 대한 답은 여기저기에 나와 있다. 나는 인간과 동물의 차이점을 이렇게 정의하고 싶다. 동물은 사랑하기 위해 사랑하고 인간은 사랑을 위해 사랑한다. 무슨 말이냐면 동물은 종족 번식을 위한 본능적 사랑을 하고, 인간은 본능적 사랑을 초월한 사랑을 추구할 수 있다는 말이다. 사랑을 위해 사랑하는 것은 인간뿐이다. 그 사랑은 육체적 사랑에 한정된 것이 아니다. 만일 어떤 이가 플라토닉 러브가 절대적 사랑이라고 말한다면 그 말은 옳다. 또 반대로 어떤 이가 육체적 사랑이 절대적 사랑이라고 말한다면 그 말도 옳다.

   사랑은 각자의 가치관과 처지에 따라서 다르게 결정된다. 육체적 사랑에 더 이끌리는 사람은 그 사랑을 택할 것이고, 정신적 사랑에 더 끌리는 사람은 그 사랑을 택할 것이다. 이 세상에는 별의별 사랑이 존재한다. 아빠와 딸뻘의 사랑, 남자와 남자의 사랑, 반대로 여자와 여자의 사랑, 사랑해서는 절대 안 되는 금기의 사랑 등 이런 다양한 형태의 사랑은 각자의 처지와 형편에 따라서 추구하는 바가 다를 것이다. 그러나 잊지 말아야 할 것은 사랑은 책임을 동반한다는 것이다. 누군가를 사랑한다면 그것이 플라토닉 러브든 육체적 사랑이든 그 사랑에 대한 책임을 져야만 할 것이다.

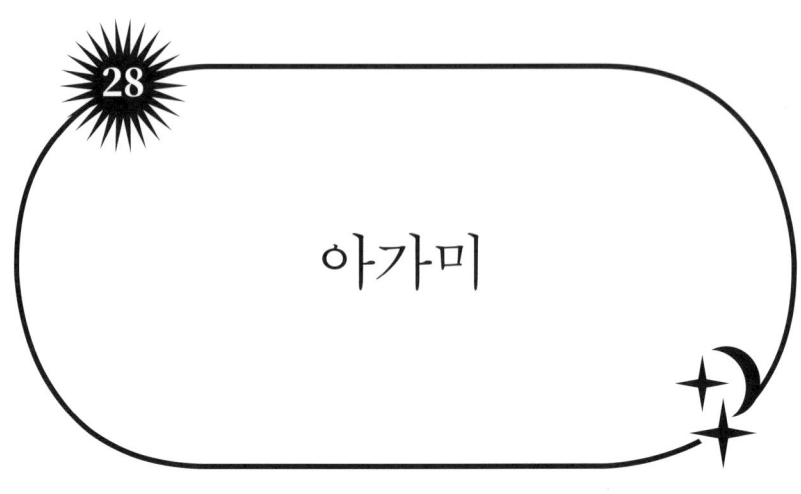

아가미

◀《 혼란의 붉은 혓바닥 》▶

시장 야채가게, 정확히 말하면 야채, 생선, 각종 잡화점 가게의 주인아주머니는 말했다.

"동태 아가미는 써서 못 먹어요. 잘라내야 해."

어쩐지, 난 항상 동태요리에 보기 좋게 실패하곤 했는데 그 이유가 아가미였던 것이다. 내가 끓인 동태찌개는 소태를 넣은 것처럼 썼다. 도저히 먹을 수 없어서 몇 번이나 버리곤 했다. 그것이 아가미 때문이었다는 것은 아가미를 싹둑 잘라내고 난 후에 끓인 동태찌개로 증명되었다. 문제는 내 요리 솜씨가 아니고 동태의 아가미였다.

굳이 말하자면, 요리 솜씨에 요리에 관한 상식도 포함된다고 하면 내 요리 솜씨 탓이기도 하다. 인정하고 싶지 않지만, 그래도 난 억울한 것이다. 어떻게 명태 아가미가 사람이 먹지 못할 정도로 쓰다는 걸 알 수 있단 말인가. 이건 다년간의 요리 실습이 병행되지 않는 한 습득하기 어려운 지식이 아닐까. 이것만 억울한 것이 아니다. 내가 기존에 가지고 있던 아가미에 대한 동경이 무너져버린 것이 억울하다. 적어도 내게 있어 아가미란 식칼로 싹둑 잘라내야 하는 공공의 적이 아니었던 것이다.

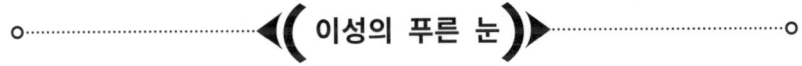

◀(이성의 푸른 눈)▶

명태에게 있어 아가미가 생존을 위한 필수도구라면 인간에게도 아가미란 것이 있다고 본다. 인간의 아가미는 무엇일까. 그것은 입, 혹은 주둥이다. 어떤 사람에게는 입이 되지만 어떤 사람에게는 주둥이 또는 아가리가 되는 것. 이렇듯 입이라고 불릴 수 있는 입을 가진 사람은 드물다. 최소한 입이라는 호칭을 얻으려면 입의 구실을 제대로 해야만 하는 것이다. 무엇이든 제 이름을 얻기 위해서는 제값을 해야 하는 법이다. 인간의 아가미인 입이 되려면 인간다운 언어를 사용해야 한다.

  누군가를 경멸하는 언어, 누군가에게 독화살이 되는 언어 등을 사용하는 사람에게는, 입이라는 호칭을 부여할 수가 없는 것이다. 아가미는 써서 요리할 때 반드시 잘라내야 한다. 명태 아가미의 경우다. 다른 아가미는 어떠한지 아직 모르겠다. 하지만 명태 아가미와 같은 쓴 아가미도 명태에게 있어서는 필수적인 것이다. 살아있는 명태에게서 아가미를 빼앗는다면 그건 殺漁 행위가 아니겠는가. 사람도 그럴 것이다. 살아있는 이에게서 입을 빼앗는다면 그건 살인이 될 것이다. 그러나 어떤 이는 그 입이 차라리 없었으면 하는 이들도 더러 있다.

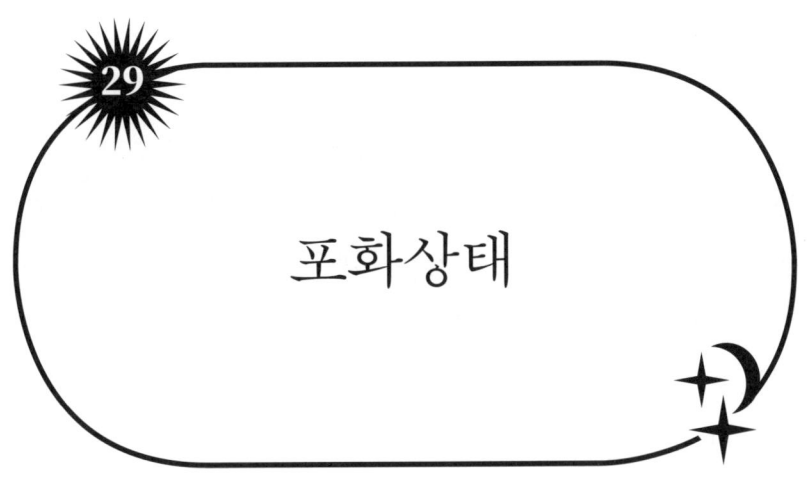

포화상태

◀❨ 혼란의 붉은 혓바닥 ❩▶

혼자서 저녁밥을 먹었다. 혼자 먹는 저녁 식사는 언제나 그렇듯 약간의 과식으로 이어진다. 이유가 뭐지? 평소에는 이만큼 먹으면 되었는데 이상하게도 아무리 먹어도 배가 안 불러. 뭔가에 쫓기듯 이것저것을 입 구멍에 쑤셔 넣는다. 굴비 두 마리와 김치에 밥 한 공기를 먹었는데도 뭔가 허기지다. 배고파 죽겠는 것이다. 그래서 된장찌개 남은 것에다 라면 하나를 넣어서 끓였다. 그런데 무엇이든 서두르다 보면 일을 그르친다.

라면을 다 끓여서 먹으려고 냄비뚜껑을 열었더니 기름 스프 봉지가 덩그러니 떠 있는 것이다. 뜨거운 국물에 함께 녹아내렸을 환경호르몬의 압박! 다른 때 같았으면 더럽다고 안 먹었을 텐데 홀로 먹는 저녁 식사 시간엔 갑자기 마음이 너그러워진다. 개의치 않고 폭풍 젓가락질을 시작했다. 건더기란 건더기는 몽땅 건져 먹었는데도 아직 덜 배부른 것이다. 이미 내 뱃속은 포화상태인데 왜 아직도 배가 고플까? 뭐가 그렇게 아쉽고도 아쉬워서 젓가락을 쉽게 내려놓지 못하고 있는 것일까?

◀(이성의 푸른 눈)▶

이럴 때 참 난감하다. 나는 쓸쓸해 미치겠는데 친구는 전혀 그렇지 않을 때, 나는 마음 아파 죽겠는데 가족들은 전혀 내 아픔에 신경 쓰지 않을 때. 배가 고파서 밥을 먹는 사람이 대다수지만 어떤 이는 삶이 허기져서 밥을 먹는다. 실로 많은 고독한 이들이 이와 같은 폭식으로 배 둘레를 넓히는 과오를 범하고 있는 중이다. 그러나 그들에게 뱃살의 공포보다 더한 것은 혼자라는 것이다. 혼자서 살거나 살지 않거니와 관계없이 삶이 허기진 이들에게 혼자라는 것은 고통이다.

라면 하나를 끓여도 오순도순 나눠 먹을 수 있는 사람이 있다는 것은 얼마나 큰 축복인가. 어떤 이는 사람을 그리워하다가 죽기도 한다. 고령화된 농어촌에는 집집마다 홀로 된 노인들이 대부분이다. 물론 도시에도 나 홀로 가구가 어마어마하다. 뿐만 아니라 가족과 함께 살면서도 혼자라는 섬에 갇힌 채 고통스러워하는 사람들이 한둘이 아니다. 그들은 배가 고파서 밥을 먹는 것이 아니라 삶이 허기져서 밥을 먹는다. 이미 뱃속은 더 이상 무엇인가를 받아들일 수 없는 포화상태지만 그들은 뭔가를 더 쑤셔 넣지 않으면 죽을 것만 같은 것이다.

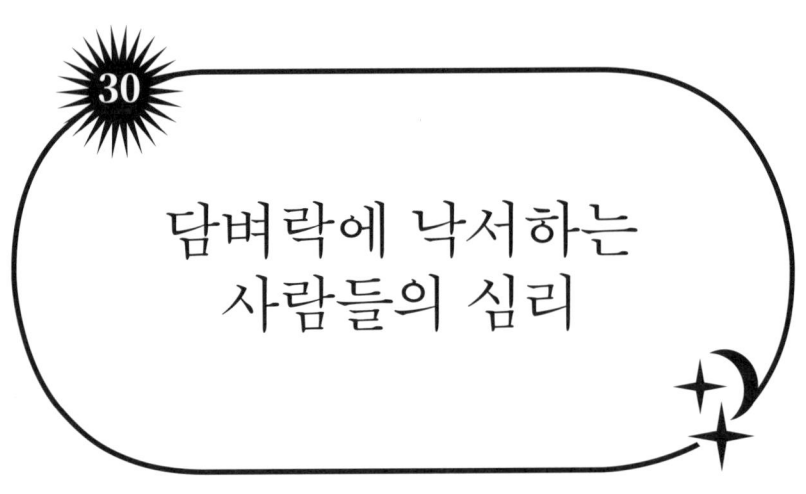

담벼락에 낙서하는 사람들의 심리

◀《 혼란의 붉은 혓바닥 》▶

 못 볼 것을 보고 말았다. 이런, 누구야? 도대체. 누가 저런 저질스럽고 흉측한 낙서를 남의 집 담벼락에 해놓았단 말인가. 이건 일종의 테러가 아닌가. 비록 내 집 담벼락은 아니었지만, 테러를 가하듯 휘갈겨 쓴 낯부끄러운 낙서에 지나가는 내가 다 열 받았다. 할 짓이 그렇게 없던가. 그렇게 심심하면 집에서 오락프로그램이나 볼 것이지. 어떤 심심한 손가락이 깨끗한 동네에 저런 민망한 짓을 저질렀단 말인가. 화가 날 지경이었다. 남녀의 성기 모양을 흉내낸 낙서를 본 순간!

　그나마 좀 잘 그렸으면 이해라도 하겠다. 어쩌면 그건 낙서를 한 사람의 조그만 배려일지도 모르겠다. 너무 사실적으로 묘사하면 어린이들에게 좋지 않은 영향을 끼칠 것까지를 염려한 세심한 배려인지도 모른다. 글쎄다. 만일 그런 정도의 마음을 지닌 사람이라면 남의 집 담벼락에 저런 저질 낙서를 하지도 않을 것이지. 집주인은 얼마나 기가 막혔을까. 그런데 저런 낙서가 한두 군데만 있는 것이 아니다. 공원의 화장실은 더욱 가관이다. 누가 자기 휴대폰 번호를 알고 싶다고 하지도 않았는데 왜 꾸역꾸역 적어놓느냐고!

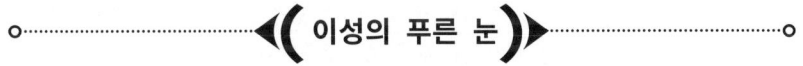

이성의 푸른 눈

　범죄자의 심리를 분석해서 사건의 해결점을 찾아가는 사람을 프로파일러라고 한다. 우리는 가끔은 일상의 프로파일러가 될 필요가 있다. 왜냐하면 일상에서 벌어지는 일들 중에는 이해하기 난해한 일들이 있기 때문이다. 공중의 장소에 떡하니 눈살 찌푸려지는 낙서를 하는 사람들에 대해서도 프로파일러가 되어서 그들의 심리를 분석해볼 필요가 있다. 왜 그들은 남의 집 담벼락 혹은 공공의 장소에 자신의 흔적을 적나라하게 남기는 것일까.

낙서를 하는 사람들의 심리는 이러하다. 나를 알리고 싶다. 나를 알아달라. 나를 주목해 달라. 내 존재 가치를 찾고 싶다. 모든 것은 자신의 존재성에 대한 갈망에서 비롯된다. 누가 볼까 조마조마해하면서 담벼락에 낙서를 그린 사람은 실상 누군가 자신을 알아봐 주기를 간절히 원하고 있었던 것이다. 성기를 그린 낙서범은 성에 대한 갈망이 있는 사람이다. 전화번호를 남긴 낙서범은 누군가와 간절히 연결되고 싶은 사람이다. 이 사회를 비판하는 낙서를 남긴 낙서범은 생각과는 다르게 이 사회를 아끼고 사랑하는 사람이다. 낙서를 한다는 건 그렇게 해서라도 자신의 마음을 누군가가 읽어주기를 바라는 인간의 심리인 것이다.

제2장

인생을 고찰하다

***

어느 나라에서 노조가 연일 파업을 하고 있을 때 정부에서 기간제 공무원을 모집한다고 발표했다. 왠지 유린당한 느낌, 이건 뭘까. 누군가가 쓸모없어졌다고 느끼면 가차 없이 버리고 새로운 사람을 뽑겠다는 무언의 의지를 표현한 것 같은 몹쓸 상상력. 가끔은 스페어타이어 같은 삶을 살아가는 사람들이 많다는 걸 확신하게 된다. 온몸을 다 바쳐서 자동차를 굴리다가 어느 날, 펑크가 나서 버림받게 될 타이어를 대신할 자신의 운명을 아는 스페어타이어. 결국 그 자신 또한 언젠가는 낡고 상처받고 버림받을 수밖에 없다는 것을 아는 스페어타이어 같은 사람들.

밀가루와 뼛가루

◀《 혼란의 붉은 혓바닥 》▶

　사람들은 밀가루는 아무렇지 않게 만지면서 뼛가루는 꼭 울면서 만진다. 사람들은 밀가루는 아무렇지 않게 반죽하면서 뼛가루는 조심스럽게 손에 쥐고 그것을 허공에 뿌린다. 사람들은 밀가루를 빻는 과정에 대해서는 아무런 관심도 없으면서 뼛가루는 그것이 어떻게 빻아졌을까 상상하면서 몸서리친다. 사람들은 밀가루의 본향인 밀에 대해서는 슬퍼하지 않으면서 뼛가루의 본향인 인간에 대해서는 매우 안타까워한다.

밀가루와 뼛가루 둘 다 가루는 가루다. 그렇지만 그것을 대하는 우리의 자세는 다르다. 밀가루를 보고 오열하는 사람은 없다. 만일 그런 사람이 있다면 미친 사람 취급을 받겠지.

"밀가루야, 어쩌다가 네가 이 모양이 되었니. 사랑스럽던 밀 네 모습은 이제 한낱 가루로 남아버렸구나."

이렇게 슬퍼하는 사람은 지구상에 한 명도 없을 것이다. 하지만 뼛가루는 다르다. 그것을 떠올리는 것 자체만으로도 사람들은 괴로워한다. 같은 가루인데 왜 그러는 걸까. 따지고 보면 같은 가루일 뿐인데.

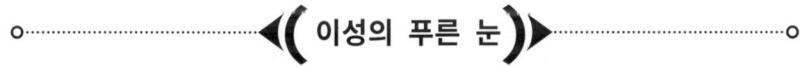

이성의 푸른 눈

우리나라의 화장률이 70%가 넘어섰다고 한다. 그럴 것이 요즘 사람들 대부분이 매장보다는 화장을 하고 있다. 화장은 죽은 사람을 뜨거운 화로에 넣어서 태우는 것이다. 그리고 남은 뼈를 곱게 빻아서 유가족에게 전해준다. 가족들은 뼛가루가 되어버린 고인이 담긴 상자를 받아들고 화장장을 떠난다. 언제 그것이 사랑하는 내 엄마였고 내 아빠였고 내 아들, 딸, 친구였냐는 듯이 뼛가루는 상자 속에서 말이 없다. 그렇지만 우리는 다 알고 있다. 그것이 불과 몇 시간 전만 해도 따뜻한 체온이 흐르고 따뜻한 숨결을 내뱉던 나의 사랑스러운 가족이요, 친구였다는 것을.

그래서 밀가루와 뼛가루는 다르다. 절대로 같은 가루가 될 수 없다. 밀가루를 보면서 우는 사람이 없는 것은 밀가루가 인간이 아니어서가 아니라 밀가루가 가루가 되기 전이었을 때 그것과 교감하지 않았기 때문이다. 만일 밀이 사람들과 인간의 관계처럼 친밀한 관계를 유지했다면 어떤 사람은 밀가루를 보고서 오열할 수도 있는 것이다. 어떤 사람들은 개가 죽었을 때도 운다. 사람 뼛가루만 보고 우는 게 아니다. 그것이 무엇이든 눈물이 날 만큼 사랑했다면 어떤 가루를 보고서도 울 수 있는 것이 우리들이니까.

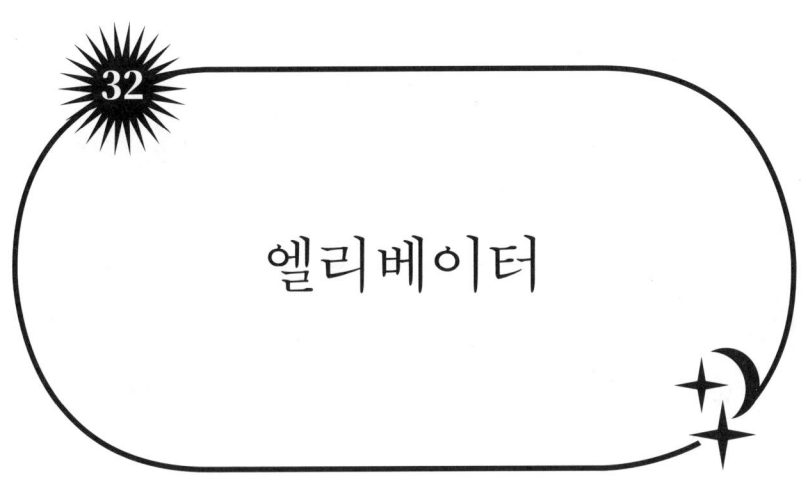

엘리베이터

◀《 혼란의 붉은 혓바닥 》▶

"1층에 휴대폰 대리점이 있습니다. 저희 병원은 5층에 있어요."

5층까지 가려면 엘리베이터를 타야겠군. 그런데 내 앞에 한 남자가 서 있다. 그가 누구인지 나는 모른다. 그도 내가 누구인지 알턱이 없을 것이다. 강남의 어느 빌딩 엘리베이터 앞에서 두 사람이 하나의 엘리베이터를 타려고 서 있는 중이다. 한 사람은 뒷사람이 있는지조차 모르다가 문이 열리고 난 후 뒷사람의 존재를 확인한다. 뒷사람은 앞사람의 존재를 이미 알고 있다가 그가 미남인지 못생긴 폭탄인지 문이 열리자 확인한다. 그건 지극히 무의식적이다.

갑자기 불안이 엄습하는 것이다. 뉴스를 너무 많이 봐온 탓이야. 엘리베이터 안에서 강도가 여성을 상대로 흉기를 휘둘러 아파트 엘리베이터 안에서 40대 남성이 20대 여성을 성폭행하려다…… 이런 불길한 뉴스들이 단편적으로 머릿속을 스친다. 혹시 둘만 타면 어쩌지. 계단이 어디 있더라. 그렇지만 다행히도 엘리베이터 안에는 여섯 개의 피곤한 눈동자들이 있었다. 그들은 폐쇄된 네모상자 안에서 무엇을 꿈꾸고 있었을까. 서둘러 엘리베이터에 올라타면서 문득 그들의 숨겨진 사연이 궁금해지는 것이다.

◀《 이성의 푸른 눈 》▶

비극과 희극은 한 장소에서 발생한다. 비극과 희극이 벌어지는 곳 어지러운 이 세상에서 비극과 희극의 주인공이 되어서 살아가는 우리들. 마치 엘리베이터 안처럼 밀폐된 곳에서 인간은 불안해한다. 그곳은 숨쉬기 힘든 곳, 사방이 가로막힌 곳, 만약 고장이라도 나면 그만 그 안에서 생을 마감해야 하는 곳. 마치 지옥 같은 그곳에서 사람들은 자신의 마지막을 떠올리는 것이다. 비극과 희극이 교차하는 곳, 마음속 엘리베이터를 누구나 한 대씩 보유하고 있다는 것을 아는 사람은 그러나 희박하다.

엘리베이터 안에서도 사랑은 가능하다. 순식간이지만 단 1초라는 시간에도 사랑에 빠지는 것은 가능한 일이니까. 5층에 올라가려던 내가 탔던 엘리베이터 안의 사람들은 자신이 타는 엘리베이터보다 훨씬 성능 좋은 엘리베이터가 자기 자신 안에 있다는 걸 몰랐을 것이다. 그들은 자신의 엘리베이터 안에서 매일 지하 100층에서 지상 100층까지 오르락내리락한다. 그러면서 꿈꾸고 사랑하고 이별하고 분노한다. 하지만 엘리베이터의 문을 열 수 있는 사람이 자신이라는 것을 알지 못하기 때문에, 매일 그러한 반복을 되풀이한다. 열림 버튼을 눌러야 하는데, 문은 분명히 거기에 존재하는데.

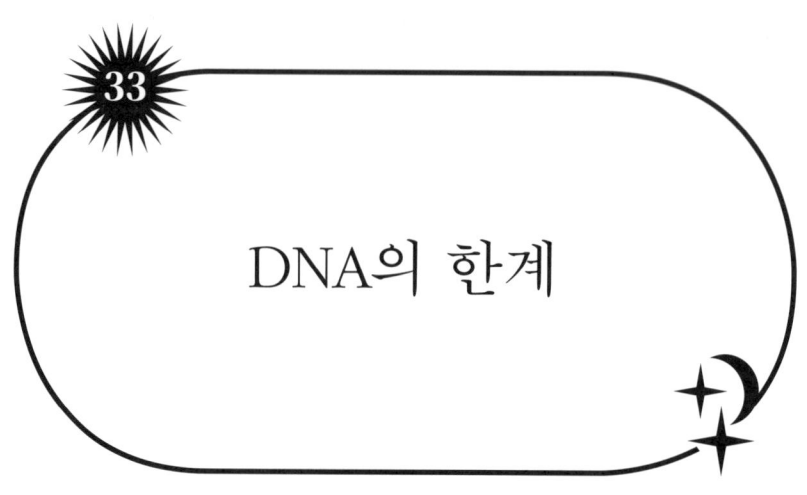

DNA의 한계

◀《 혼란의 붉은 혓바닥 》▶

 살인사건과 아무런 관련이 없는 남학생이 살인범으로 몰려서 경찰에 긴급 체포되었다. 아이는 자신의 집 안에서 영문도 모른 채 수갑을 찼을 것이다. 경찰이 체포의 근거로 제시한 것은 범행 현장에서 발견된 핏방울에서 채취한 DNA다. 그런데 이 DNA라는 것이 100퍼센트 다 일치하는 게 아니라는 것이다. 문제는 거기서 시작된다. 그 순간부터 학생은 범죄자 취급을 당하게 되었다는 것이다. 만일 내가 그 학생의 처지였더라면 어떤 심정이었을까.

자고 일어나니 스타가 되었다는 말이 있는데, 이런 경우는 '자고 일어나니 살인자가 되었다.'라는 말이 옳을 지경이다. 학생의 부모는 초췌한 모습으로 말한다.

"저희 아들은 절대로 그럴 아이가 아닙니다. 얼마나 착한 아이인데요. 뭔가 잘못되었을 거예요."

그나마 다행일까, 법원은 학생에게 무죄를 선고했다. 그렇지만 지난 몇 년 동안 학생은 이미 살인범이 되어버렸을 터이다. 다시는 되돌릴 수 없는 소중한 학창 시절을 범법자로 낙인찍혀 살았을 그 아이의 삶이 너무나 억울하다. 누가 DNA에게 절대 권력을 부여했는가?

이성의 푸른 눈

20세기가 들어서야 밝혀진 DNA의 정체는 유전물질이라는 것이다. deoxyribonucleic acid 즉, DNA는 세포와 피 등을 구성하는 가장 기본적인 분자를 의미한다. 언젠가부터 사람들은 DNA를 맹신하게 되었다. 유전자 검사를 통해서 수십 년 동안 길러온 자식이 친자식이 아니라는 것을 알게 되는 경우도 있고, 범죄자를 지목하는 데 결정적인 증거로 이용하고 있는 실정이다. 그런데 이런 결정적이고도 확정적인 증거가 될 것 같은 DNA에게도 한계는 분명 있었다.

　같은 DNA를 지닐 수 있는 경우가 생긴 것이다. 혈흔의 경우에 피해자와 가해자의 혈액이 섞이게 되면 완벽한 형태의 DNA를 추출하기가 어려워진다. 그럴 경우에 불완전한 DNA를 축출하는데 그렇게 될 경우 같은 DNA를 지닌 사람이 많게는 수만 명에 달할 수 있다. 만일 이러한 사실을 잘 모른 채 범죄자를 오직 혈흔을 증거로 추정하게 된다면 어떻게 될까. 자신은 100퍼센트 옳다고 해도 그렇지 못할 수가 있다는 것, DNA는 우리에게 간접적으로 가르쳐 주고 있는 것이다. 그 누구도 그 무엇도 100퍼센트 옳을 수는 없다. 만일 누군가 자신이 100퍼센트 옳다고 주장한다면 그는 스스로를 오류투성이로 만드는 중일 것이다.

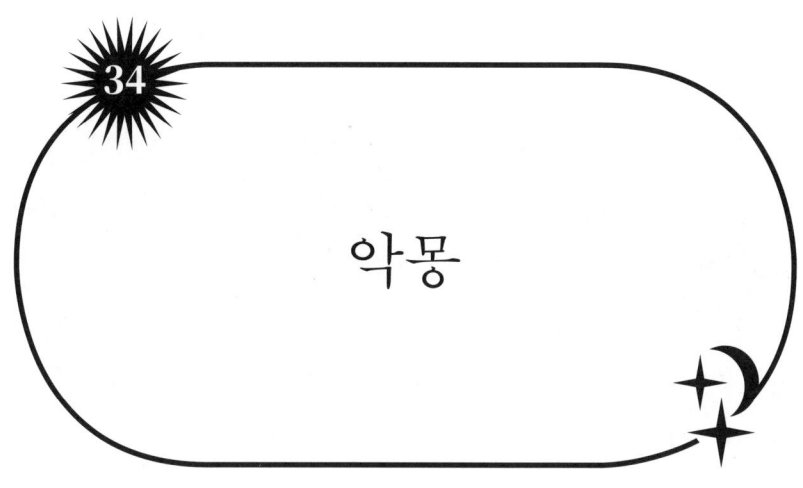

악몽

혼란의 붉은 혓바닥

칼에 찔린 채 붉은 피를 뚝뚝 흘린다. 사방에 널린 시체들, 불타는 집. 여기는 어디이고 나는 누구인가? 죽도록 도망쳐 보지만 절대로 벗어날 수 없다. 가파른 낭떠러지에서 백 번은 더 떨어져 내린다. 분명 누군가 뒤에서 민 것도 같고 아닌 것도 같다. 얼굴도 모르는 누군가와 목청이 터져라 소리 높여서 싸워도 본다. 가끔은 진짜 죽기도 한다. 그러다가 다시 살아나서 여기저기를 기웃거린다. 몇 번 본 사람이 어느 날 갑자기 뜨거운 섹스파트너가 되기도 한다.

아니, 도대체 내가 누구야? 나란 사람이 한둘이 아니다. 총에 맞는 나, 칼에 찔린 나, 낭떠러지에서 떨어지는 나, 인기스타가 된 나, 거지가 된 나, 누군가와 멱살잡이하고 있는 나, 아무 이유 없이 울고 있는 나 등등. 어쩔 땐 이것이 꿈은 아니겠지? 하면서 더 머무르고 싶을 때도 있지만, 거의 대부분 제발 꿈이었으면 하는 현실이 아닌 현실. 악몽을 꿔보지 않은 사람은 없다. 칼에 찔려죽는 건 악몽 중에서는 그래도 양반이지, 한다. 가끔은 형체를 알아볼 수 없는 존재가 되기도 하니까. 왜 우리는 악몽에 시달려야 한단 말인가. 악몽 넌 누구니?

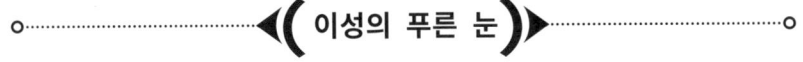

인간이 잠을 잔다는 건 피로를 풀기 위한 본능이다. 그러나 소수의 사람은 잠을 거의 자지 않기도 한다. 그런데도 그들은 건강하다. 어찌 된 일일까. 피로란 것이 꼭 잠으로만 풀 수 있다는 기존의 상식에 의문을 제기해봐야 할 시점이다. 꿈은 잠을 자면서 떠오르는 영상이다. 이러한 꿈의 절반 이상이 악몽이다. 악몽은 왜 인간의 꿈의 대다수를 차지하는 걸까. 현실에서의 불만족, 풀리지 않는 문제를 풀기 위해 악몽을 꾼다는 설도 있다. 그러나 그 누구도 왜 인간이 악몽을 꾸는지에 대해 확실한 답을 제시하지는 못한다.

왜? 인간이니까. 인간은 미완의 존재요, 불완전한 자아를 지니고 있는 존재다. 악몽에 대한 연구도 어디까지나 최선을 다하는 데 의의가 있다. 악몽의 원인을 다 밝혀내지 못하는 건 인간으로서 당연한 일이다. 그러나 자신의 악몽에 대한 관점은 분명히 스스로 정립할 수 있다. 식은땀을 뻘뻘 흘릴 정도로 소름 돋는 악몽을 꾸고서도 하루를 명랑 쾌활하게 지낼 수 있는 것이다. 악몽을 꾼다는 건 건강한 이들의 자연스러운 생리현상이다. 마치 먹은 것을 배설하듯 우리는 악몽이라는 꿈의 배설 기능을 작동시키는 것이다. 나쁜 꿈을 꾸는 것도 우리 자신이고, 그 꿈에 불안해하는 것도 우리 자신이다.

도로 위의 변사체

◀《 혼란의 붉은 혓바닥 》▶

아직 깊은 밤도 아닌데 겨울밤은 유난히 깜깜했다. 어두운 도로를 달리는 시외버스 한 칸을 차지하고 앉은 K는 졸린 눈을 치켜뜨고 차창 밖을 응시하고 있었다. 너무 어두워서 아무것도 보이지 않은 것 같았지만 눈동자에 힘을 주고 살펴보면 뭔가 보이기는 보였다. 야산과 야산 그리고 적막과 으스스한 바람의 뒷모습까지도. K가 가물거리려는 정신을 놓으려는 찰나에 창밖에 무언가가 보였다. 미동도 하지 않는 물체. 혹시 로드킬을 당한 산짐승일까. 가슴이 두근거렸다. 많이 보긴 봐왔다. 로드킬을 당한 노루, 로드킬을 당한 고양이, 로드킬을 당한 토끼, 새 등등. 그래서 이번에도 그러려니 했는데 웬걸, 이건 사람이 아닌가. 사람의 형상을 빼닮은 존재가 어둡고 을씨년스런 겨울 도롯가에 웅크리고 누워 있다. 너무 어두웠지만 검붉은 피도 보였다. 그건 분명 사람의 피였고, 그는 분명 사람이었다. 버스 안에는 K와 운전자 그리고 여섯 명의 승객이 있었는데 그들 모두는 숨 쉬지 않는 그를 보았다. 그러나 아무도 그 사람을 신고하지는 않았다. 그들은 얼른 시선을 거두고 변사체를 보지 않았던 시간으로 회귀하고 싶어 했던 것이다. 로드킬을 당한 사람…… 그 무섭고도 무거운 주제를 외면하고 싶었던 것이다.

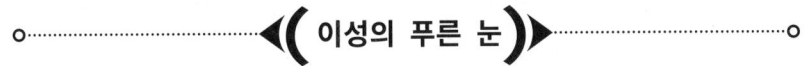

◀《 이성의 푸른 눈 》▶

 이웃 마을에 정신이 약간 모자란 사람이 있었다. 그는 젊은 청년이었는데 키도 크고 얼굴도 미남이었으며, 취미가 도로변을 달리는 것이었다. 그는 거의 10킬로미터에 달하는 도로를 매일 왔다 갔다 하곤 했다. 그런 그가 어느 날, 죽었다는 말을 얼핏 들었다. 조금 정신지체 장애가 있긴 했지만, 항상 명랑하게 웃곤 하던 그의 해맑은 모습이 떠올랐다. 그를 차로 친 사람은 잡히지 않았단다. 그는 뺑소니 사고를 당한 것이다. 로드킬을 당한 청년의 영혼이 지금도 그 도로 위를 달리고 있을 것만 같다.

K는 우연하게도 로드킬을 당한 사람을 목격했다. 우리는 K가 몇 살인지 남자인지 여자인지 모르지만, 그가 우리 자신일 수도 있다는 가정을 해야 한다. 우리 자신에게도 도로 위에 방치된 변사체를 발견하게 되는 날이 올 수도 있다는 뜻이다. 죽음은 갑작스럽게 찾아오는 경우가 많다. 갑작스럽게 차에 치이고 갑작스럽게 심장마비에 걸리고, 이런 갑작스런 죽음을 맞이하는 일은 매우 힘겨운 일이다. 당사자도 그렇고 가족들이나 친구들도 그렇다. 그리고 제3자도 마찬가지다. 누군가의 죽음을 불시에 목격하게 된다는 건 무서운 일이 아니다. 그건 무섭고 두려운 순간이 아니라 경건하게 죽음을 슬퍼할 시간이다. 우리는 누구나 K가 될 수도 있고, 도로 위의 변사체가 될 수도 있기 때문이다.

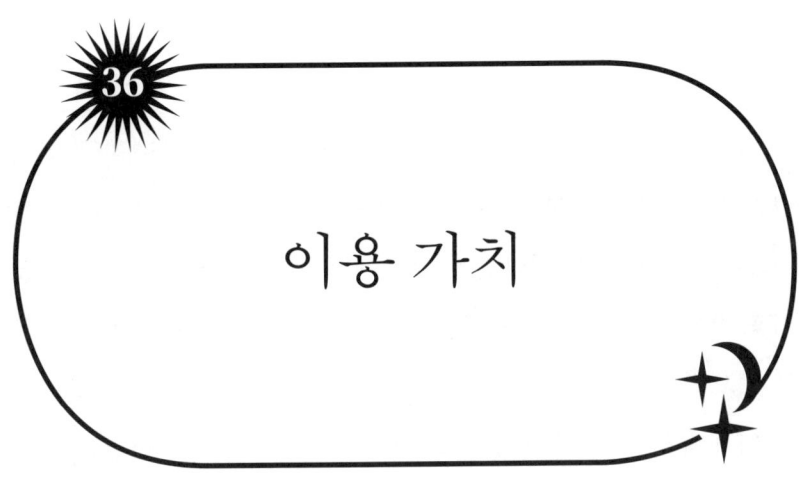

이용 가치

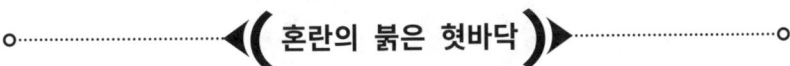

혼란의 붉은 혓바닥

무리 중에 인기가 많은 사람은 이용 가치가 많은 사람일까. 이용 가치가 없는 사람들은 예외 없이 인기가 없는 것은 사실이다. 순수하게 사람을 사귀는 일은 과연 불가능한 일일까 싶다. 이런 개떡 같은 세상, 이라고 욕하고 싶은 적이 한두 번이 아니다. 왜냐하면 사람이 사람을 도구로 여기는 것을 체험하거나 목격하게 되기 때문이다. 하나의 도구로 전락한 인간은 얼마나 비참한가. 저 인간이 내게 이용 가치가 있을까, 없을까 저울질하는 더러운 눈동자들.

여기저기에 잘 불려 다니고 여러 사람 입에 오르내리고 인기 있는 사람들은 더러운 탐욕자들의 먹잇감이 되기 쉽다. 몇 년 전 매스컴에 오르내린 일반인이 강도에 의해 살해당하기도 하였다. 이용 가치가 많아 보이는 사람은 인기를 얻는 동시에 자신을 이용해 먹으려는 자들에게 맛있는 성찬이 되는 것이다. 성공의 발판으로 이용해 먹을 가치가 없는 인간에게 친절을 베푸는 사람은 드물다. 저 인간이 내게 아무런 도움도 안 된다는 걸 알면서 그 사람을 진심으로 친절하게 대하는 사람은 찾아보기 힘들다. 부끄럽다, 이건 치욕스러운 일이다 분명히. 내가 너를 이용 가치를 따져가면서 만난다는 것은 생각만 해도 가슴이 아프다.

이성의 푸른 눈

화려한 파티가 열렸다. 사람들은 아름다운 드레스와 멋진 정장을 차려입고 서로를 탐색한다.

'누구를 이용해서 구질구질한 내 신세를 조금 펴볼까?'

'저 사람과 가까워지면 내게 어떤 이득이 생길까?'

이런 이용 가치에 대한 탐색은 어쩌면 인간의 생존본능이 아닐까 싶을 정도다. 살기 위해서 사람들은 서로를 이용하려고 하는 것이다. 그렇지만 그건 너무나 긍정적인 결론이다. 만일 그런 논조라면 살기 위해서 살인을 저지른다는 것도 용인해야 한다는 논리가 되어버릴 것이다. 모든 인간이 다 살기 위해서 다른 사람을 이용하는 것은 아니기 때문이다.

아무래도 쓸모없어 보이는 인간은 도태된다. 무리로부터 외면당하는 것도 당연시된다. 그것 역시도 이용 가치가 없는 인간의 말로라고 여긴다. 언젠가부터 사람들은 다른 사람과의 관계 형성에 첫 번째 조건으로 이용 가치를 따지고 있다. 자신에게 티끌만큼도 이익이 되지 않는 사람과의 관계는 그것이 가족이라도 단절시키고 마는 경우가 흔하다. 그러나 이런 비정상적인 인간관계는 스스로를 피폐하게 만들 것이다. 사람의 본질은 이용 가치가 아니라, 그 사람의 내면의 성숙도와 순수성이 결정하는 법이다. 사회적 성공이나 물질적 유무에 좌지우지되는 관계가 많을수록 그 사람의 삶은 위태로울 수밖에 없다. 그에게는 순수하고 건실한 친구들이 없을 것이기 때문이다.

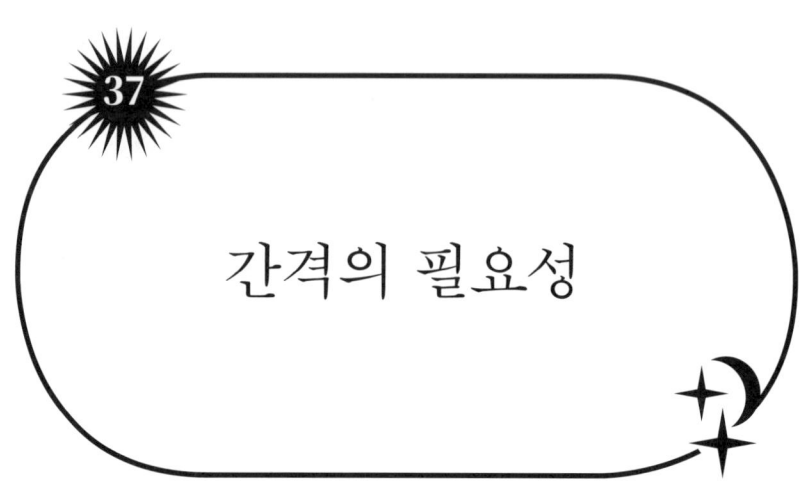

간격의 필요성

◀《 혼란의 붉은 혓바닥 》▶

쇼윈도우에 진열된 구두와 핸드백 사이의 간격이 너무 가깝다. 그 둘 사이의 지나친 간격이 구두와 핸드백의 고유성을 상쇄시키고 있다. 결혼한 자녀와 동거하는 부모, 사춘기 자녀의 사생활을 궁금해하는 부모, 부하가 화장실 가는 것까지 못마땅해하는 상사 등은 간격이 자신의 인생에 미치는 영향을 간과하고 있는 중인지도 모른다. 대체로 간격이 필요할 때 그것을 절실하게 원하는 쪽은 간격이 너무나 가깝거나 멀 때 상당한 피해를 입는 쪽일 것이다.

구두와 핸드백이 눈치 없이 밀착되어 있는 진열대나 구두와 핸드백이 상식 이하로 멀리 떨어져 배치된 진열대나 매력이 없긴 마찬가지다. 눈만 뜨면 부스스한 얼굴로 마주치는 아내나 남편은 서로에 대해 실망하는 일이 잦다. 서로의 입에서 시궁창 냄새를 맡게 되는 일이 잦아지면 사랑도 사그라질 위험이 있다. 그래서 가끔은 바깥에서 자신의 이상형을 찾곤 하는 것이다. 상대방과 너무 가까워지면 멀어지고 싶고, 너무 멀어지면 그리워지는 게 인간의 심리인 것이다. 왜 간격이 필요한 것일까. 살면 도대체 얼마나 산다고 우리는 서로에게 더욱 가깝게 다가서는 것이 두려워지는 것일까.

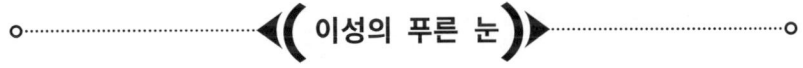

이성의 푸른 눈

이슬만 먹고 살 것만 같던 사랑스러운 그녀가 화장실에도 가고 방귀도 뀐다는 충격적인 사실을 접할 때 남자는 실망한다. 그것이 결혼생활의 실체다. 무엇이든 다 해결해줄 것 같던 듬직한 남편이 사실은 바퀴벌레만 보고도 벌벌 떠는 겁쟁이였다는 사실을 알게 될 때 여자는 실망한다. 그것이 결혼생활의 실상이다. 연애 시절에는 결코 볼 수 없었던 상대방의 면면을 알게 되면서 조금씩 실망해가는 것이다. 그것은 간격이 가까워짐에 따른 어쩔 수 없는 현상이기도 하다. 인간은 간격이 좁혀질수록 서로에게 감출 것이 줄어든다.

　모든 것을 속속들이 알게 되면 기대할 것도 없고 실망할 것도 없게 될 것이다. 간격의 필요성은 그래서 절실하다. 사람과 사람 사이에는 반드시 적당한 간격이 필요하다는 것, 인생을 절반 이상 살아온 사람이라면 누구나 공감하는 사실일 것이다. 친한 사이나, 가족 간에도 간격이 필요하다. 모든 것을 다 보여주어서는 곤란하다. 정신적인 면에서나 육체적인 면에서나 인간은 자신만의 비밀스러움을 간직한 채 살아야 한다. 타인과의 간격을 적당히 유지하는 것은 자신의 품위를 지키는 데 꼭 필요한 일이다. 그리고 또한 다른 이들이 침해받지 않고 싶어 하는 공간을 건드리지 않는 것 또한 서로에 대한 예의일 것이다.

〘 혼란의 붉은 혓바닥 〙

어느 나라에서 노조가 연일 파업을 하고 있을 때 정부에서 기간제 공무원을 모집한다고 발표했다. 왠지 유린당한 느낌, 이건 뭘까. 누군가가 쓸모없어졌다고 느끼면 가차 없이 버리고 새로운 사람을 뽑겠다는 무언의 의지를 표현한 것 같은 몹쓸 상상력. 가끔은 스페어타이어 같은 삶을 살아가는 사람들이 많다는 걸 확신하게 된다. 온몸을 다 바쳐서 자동차를 굴리다가 어느 날, 펑크가 나서 버림받게 될 타이어를 대신할 자신의 운명을 아는 스페어타이어. 결국 그 자신 또한 언젠가는 낡고 상처받고 버림받을 수밖에 없다는 것을 아는 스페어타이어 같은 사람들.

언젠가 국도변을 달리고 있을 때였다. 친구가 운전하던 차가 갑자기 멈춰 섰다. 타이어가 펑크가 난 것이다.

"스페어타이어로 교체해야겠네. 요즘 타이어는 다 왜 이 모양인지, 오래 가질 못한다니까. 그래도 다행이다. 스페어타이어가 있어서."

정말 다행일까. 스페어타이어 입장에서나 버림받을 기존의 타이어 입장에서나 모두에게 정말 다행스러운 일일까. 자동차 트렁크에 잠자코 누워 있는 스페어타이어, 뒷문에 덩그러니 매달린 스페어타이어 그들의 운명이 모두 한결같다. 누군가의 빈자리를 대신해서 들어갈 것이지만 결국 자신도 버려지고 말 것이라는 것을 그들은 알까.

◀《 이성의 푸른 눈 》▶

세상은 각자의 임무를 완수하는 사람들로 인해서 유지되고 있다고 봐도 과언이 아니다. 노조원들이나 정부 부처 관계자들이나 국민들이나 모두 자신이 할 일을 함으로써 서로에게 도움을 주고 결국 자신의 삶도 완성해나가는 것이다. 그러나 가끔은 자신의 할

일에서 벗어날 필요가 있을 때도 있다. 예를 들어서, 정의롭지 못한 일에 직면했을 때이다. 그러한 경우에 사람들은 자신이 스페어타이어에 의해 교체될 것을 아는 타이어와 같은 의연함으로 현실에 저항한다. 그래서 어떤 이는 자신이 있던 자리에서 뿌리째 뽑혀지고 피 흘리고 눈물 흘린다.

노동자의 외침을 외면하는 정부나 정부의 정책에 무조건 색안경을 쓰고 보는 노동자나 모두 문제점이 있을 것이다. 하지만 스페어타이어를 무진장 많이 가지고 있는 갑의 입장에서 을에 대한 좀 더 세심한 배려가 필요한 것은 사실이다. 저 타이어가 고장나면 이 스페어타이어로 교체하면 그만이지, 하는 안일한 태도야말로 사회의 공정성을 해치는 주범이 될 것이기 때문이다. 도로를 달리던 차가 멈춰 섰다. 이제 내 친구는 이렇게 말할 것이다.

"그래도 이 타이어 덕분에 많은 풍경을 보았고 많은 곳을 다닐 수 있었어. 그동안 수고했다. 타이어야."

자신이 스페어타이어든 기존의 낡은 타이어든 사람이라면 다른 이의 수고로움에 대해 감사할 줄 알아야 하는 것이다.

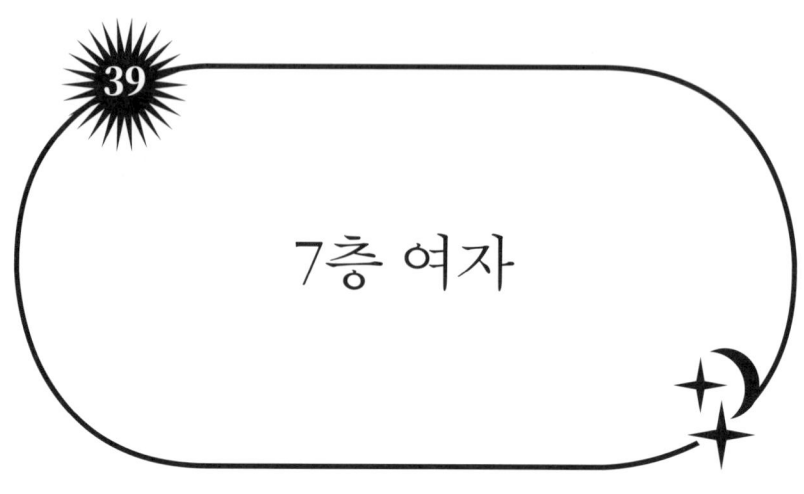

7층 여자

◀《 혼란의 붉은 혓바닥 》▶

저 여자의 발바닥은 분명히 시커멓고 우악스러운 곰 발바닥이거나 거대하기 이를 데 없는 거인의 발일 것이다. 저 여자의 몸뚱이는 분명히 100킬로그램 이상이거나 한 번 보면 절대 잊을 수 없는 뚱녀일 것이다. 저 여자의 자식들은 분명히 사리 분별을 못하는 바보천치이거나 다른 아이들과는 다르게 심하게 발육이 잘 된 거대아들일 것이다. 저 여자의 남편은 분명히 알콜중독자이거나 폭력전과범일 것이고, 저 여자의 친척들은 모두 다 입 주둥이에 확성기를 매달았을 것이다.

그렇게 6층에 사는 A씨는 7층 여자를 상상했다. 언젠가는 위층에서 들리는 런닝머신 소리 때문에 속이 울렁거려서 저녁 먹은 걸 다 게워내기도 하였다. 퇴근 후에 집에 돌아오는 발걸음은 마치 악마의 아가리 속으로 들어오는 것처럼 무겁기만 하였다. 휴일에 집에서 쉬는 게 오히려 더 가혹한 징벌과도 같았다. 한 번도 저 여자를 잊은 적이 없다. 뼈에 사무치도록 저 여자를 가슴에 새기고 있다. 그녀가 밤 12시에 세탁기를 돌리고 새벽 2시에 청소기로 바닥을 핥아대도 참아냈다. 그녀의 남편이 내던져서 부서지는 물건의 종류까지도 이젠 다 알 지경이다. 공포의 7층 여자, 그러나 언젠가 한 번은 반드시 박살을 내주고 싶은 그녀.

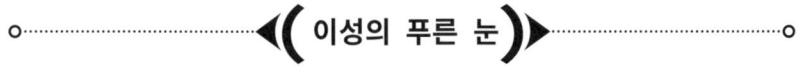

이성의 푸른 눈

대한민국에서 공동주택에 거주하는 인구의 비율이 과반수 이상이다. 공동주택이란 말 그대로 공동이 사는 주택이다. 여러 거주민이 함께 사는 곳인 만큼 지켜야 할 예절이라는 것이 있는 법이다. 그러나 실상은 이런 공공의 예절을 지키는 사람은 드물다. 빨래를 널어놓았는데 아래층에서 핀 담배 연기가 올라와서 배고, 하루종일 방방거리고 뛰어다니는 아이들 발소리에 심장이 두근거리고, 시도 때도 없이 쳐대는 피아노 소리에 신경이 곤두서는 곳이 바로 아파트요, 공동주택인 것이다.

　무개념 7층 여자는 전국에 너무나 많다. 5층 남자, 3층 할아버지, 2층 학생 등 전 국민의 절반 이상이 자신이 가해자가 되면서 동시에 피해자가 되고 있는 형국이다. 공동주택에 사는 사람의 70퍼센트 이상이 층간소음으로 속상한 적이 있다고 한다. 이것은 그만큼 층간소음의 피해가 심각하다는 방증인 것이다. 조금만 배려하면 될 일이다. 집 안을 걸어 다니는데 굳이 발뒤꿈치를 꾹꾹 찍어가면서 걸어 다닐 것은 없다. 조금만 사뿐히 걸으면 위 아래층 모두가 행복해지는 것이다. 우리 사회에서 7층 여자를 줄이는 가장 쉬운 방법은 서로를 조금만 더 위하는 것이다.

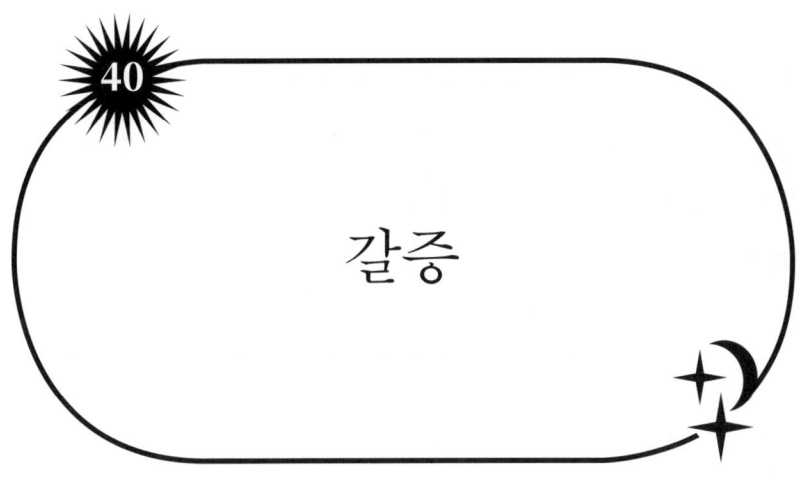

혼란의 붉은 혓바닥

식도가 불타 내려가는 것 같다. 목구멍이 철저하게 사막화되어 버렸나 보다. 푸석푸석한 입술과 혀가 연신 물을 요구한다.

"제발, 차가운 물 좀 부어주라고!"

십 분도 채 안 되어서 또다시 들이켜는 물 한 컵, 왜 이렇게 갈증이 나는 걸까. 갈증의 근본 원인에 대해 심사숙고해 본다. 분명히 저녁 식사가 잘못된 거야. 과다한 염분 섭취가 문제였을 거야.

어디까지나 혼자만의 추리지만 꽤 그럴듯하다. 나트륨을 과다 투여받은 나의 내장이 지금 반란을 일으키고 있는 중인 것이다.

"너, 진짜. 이러지 말라고 했지? 짜게 먹으면 이렇게 되는 줄 알면서 무식하게 짠 반찬을 그렇게 집어 먹더라니. 이건 고의적인 범죄행위야."

이렇게 위와 식도와 혓바닥과 혈관이 내게 항의해왔다. 이 지나친 갈증의 원인이 모두 다 나트륨의 과다섭취 때문이란 말인가. 과연 그것이 전부일까. 그런데 가끔은 전혀 염분이 든 음식을 먹지 않았음에도 미치도록 목이 마르기도 했었다. 심지어 땀도 흘리지 않았었는데 말이다. 그건 무슨 이유에서 비롯된 괴현상이란 말인가. 무엇이 나를 그토록 갈증나게 만들었던 것일까.

◀◀ 이성의 푸른 눈 ▶▶

사람은 짜게 먹지 않아도, 땀을 많이 흘리지 않아도 갈증이 나게 되어 있는 존재다. 갈증에는 두 가지 요인이 있다. 소금이나 질병과 관련된 요인, 그렇지 않은 정신적인 요인. 갈증의 정신적 요인이란 무엇인가. 바로 자신의 존재에 대한 회의에서 비롯된다. 이건 괴현상도 아니고 이상한 일도 아니다. 아주 당연한 현상이다. 자기 자신에 대한 불확실성이야말로 갈증을 일으키는 확실한 주범인 것이다. 무슨 일을 해야 할지, 왜 살아야 하는지 자신에 대한 깊은 회의는 깊은 갈증을 유발한다.

그러므로 우리는 여기서 갈증이야말로, 한 인간의 내적 고민의 결과물이라는 것을 알 수 있다. 갈증을 느끼는 자는 그만큼 자기 자신에 대한 깊은 성찰을 한 사람이라는 의미다. 짜게 먹었을 때나, 땀을 많이 흘렸을 때 사람들은 물로 갈증을 달랜다. 그렇다면 정신적 갈증은 무엇으로 달래야 한단 말인가. 자신의 존재에 대한 회의가 정신적 갈증의 근본이라면 그것을 달랠 것 역시도 자기 자신에게서 나올 수 있지 않겠는가. 스스로에 대한 회의를 불식시키려면 자신감을 되찾아야 할 것이다. 정신적 갈증은 자신감이라는 물을 마실 때 비로소 해갈될 수 있는 것이다.

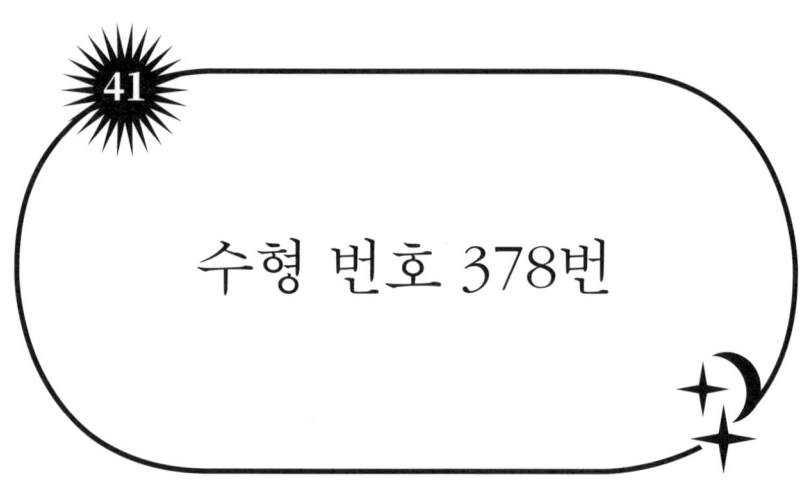

수형 번호 378번

혼란의 붉은 혓바닥

378번, 그녀의 이름은 이곳에서 378번이다. 눈물보다 더 진한 푸른색 죄수복 안에 갇힌 쉰둘의 피곤한 육신, 간수는 그녀를 숫자로 부른다. 너는 378번이니까. 원래 그랬던 것처럼 그녀는 수형 번호 378번인 것이다. 아침 6시가 되면 모두들 애벌레가 탈피를 하듯 초췌하게 일어나 앉는다. 그 모습들이 어쩌면 그렇게도 애처로운지 378번은 가슴이 먹먹한 적이 한두 번이 아니었다. 아이들

먹을거리가 없어서 돈을 훔쳤다가 들어온 엄마, 친구들과 시비가 붙어서 폭행 사범으로 들어온 아가씨, 그리고 남편을 죽이고 들어온 여자.

주변 사람 그 누구도 그 남자가 그렇게 잔인한 사람인 줄 몰랐었다. 그 남자가 아내의 손에 목 졸려 죽기 전까지는. 삼십 년이 넘게 지속되어 온 폭력과 학대는 한 여자의 가슴을 멍들게 했고, 딸아이의 영혼을 병들게 만들었다. 왜 그 누구도 그 남자의 잔인성에 대해 주목하지 못했을까. 아니, 왜 우리는 그가 그렇게 비인간적일 수 있도록 내버려두었을까. 378번은 날마다 손편지를 쓴다. 그 편지는 남편과의 관계에 대한 회한의 편지요, 다시는 돌이킬 수 없는 그날에 대한 참회의 편지였다. 그렇지만 이미 남편은 죽었고 죽은 남편을 되살릴 수는 없는 노릇이다. 왜 그녀는 자신의 남편을 죽일 수밖에 없었을까.

◀《 이성의 푸른 눈 》▶

밖에서는 한없이 좋은 아빠요, 남편이었던 남자가 있었다. 그 남자는 그렇지만 지킬박사와 하이드처럼 두 얼굴의 사나이였다. 오직 가족만이 있는 시간에 그는 본래의 얼굴을 드러냈던 것이다. 밤마다 아내의 머리를 망치로 쪼고 피가 흐를 때까지 그것을 즐겼으며 널 죽이고 말겠다고 협박했다. 아내가 공포에 떨 때마다 그는 어떤 희열을 느꼈다. 그것은 과거 그의 아버지가 어머니를 때리면서 느꼈던 감정과 유사할 것이라고 그는 미루어 짐작했다. 절대 아버지 같은 사람이 되지 않겠다고 다짐했지만, 그는 어느새 아버지보다 더 잔인해지고 있었던 것이다.

사람들은 행실이 못된 사람이 죽으면 이런 말을 한다.

"잘 죽었네. 천벌을 받았어."

이런 말을 들을 정도로 인생을 살았다면 그가 살아생전 얼마나 잘못 살았는지 미루어 짐작할 수 있을 것이다. 남편의 지속적이고도 가혹한 폭력에 삼십 년이나 시달린 아내가 선택한 살인, 그녀는 일생일대의 선택을 했던 것이다.

"이젠 모든 것을 끝낼 때가 된 것 같았습니다."

이렇게 자신의 삶마저도 내려놓고 남편을 죽인 아내가 걱정한 것은 하나뿐인 딸이었다. 딸에게까지 남편이 그러는 것을 보고 있을 수가 없었던 것이다. 수형 번호 378번, 그녀에게 이 번호를 부여한 우리 사회는 과연 얼마나 그녀의 고통을 이해하고 어루만져 주었던 것일까.

사물의 속사정

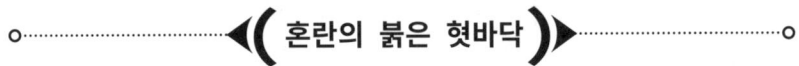

◀《 혼란의 붉은 혓바닥 》▶

 글을 쓰는 일은 사물의 속사정을 들여다보는 일이다. 자기 자신의 속사정도 제대로 헤아리기 힘든 내가 사물의 속사정을 일일이 들여다보는 일은 너무나 힘들다. 힘들고 고통스러운 이 작업을 나는 왜 하고 싶어 하는 걸까. 내가 아니라도 그 일을 할 사람은 많을 텐데, 내가 아니라도 그 일을 잘할 사람은 있을 텐데 왜 신께서는 날 선택해서 이런 중책을 맡기신 걸까. 나의 귀는 언제나 활짝 열려 있다. 그래서 사물들이 하는 이야기를 듣는다. 나의 눈 역시도 언제나 활짝 열려 있다. 그래서 사물들이 하는 행동들을 관찰한다.

며칠 전부터 간당간당하던 형광등이 기어이 절멸했다. 한 귀퉁이가 시커멓게 되더니 마침내 빛의 송출을 멈추고 죽은 것이다. 나는 가만히 귀 기울여 형광등의 이야기를 듣는다. 형광등의 행동을 관찰한다. 형광등이 감추고 있던 속사정, 형광등이 내게 하고 싶은 말. 그것을 듣고 보느라 커다란 눈이 더 커다랗게 된다. 형광등의 속사정은 이러했다. 자신은 그동안, 이 좁은 방 안에서 한 걸음도 못 나간 것이 너무 답답했다고 했다. 그래서 이제야 죽음으로써 바깥세상을 구경하게 되었으니 행복하다고 했다. 그건 나도 마찬가지야, 너만 그런 건 아니라니까. 사물의 속사정은 어쩌면 인간의 속사정과 같은지.

◀《 이성의 푸른 눈 》▶

은행 창구 안쪽에서 그는 고객들을 멍하니 응시하고 있다. 그가 승진되어서 이곳으로 옮겨온 지도 어느덧 3년째, 그러나 그는 전혀 행복하지가 않다. 그의 속사정을 같은 직장동료도, 가족도, 친구도 알지 못한다. 인터넷도 되지 않는 사무실의 컴퓨터는 그를 조롱하듯 하루종일 지켜본다. 그는 가슴이 답답할 때마다 창구를 드나드는 고객들을 쳐다보면서 마음속으로 이야기한다.

'난 정말 이곳에 있기 싫어요, 그렇지만 당신들을 위해서 웃으면서 근무하겠죠. 솔직히 그 말은 틀린 말이군요. 사실은 나와 가족의 생계를 위해서 어쩔 수 없이 일하겠죠.'

누가 중년의 은행 간부인 그가 그렇듯 우울해하고 슬퍼하고 있으리라고 상상이나 했겠는가. 그는 말한다.

"이곳은 창살 없는 감옥입니다. 이곳을 벗어나고 싶어요."

은행을 찾아온 고객 그 누구도 그의 이런 마음속 외침을 읽어주는 이가 없었다. 그러나 사물의 속사정을 읽을 수 있는 사람은 그런 그의 마음을 읽을 수 있을 것이다. 은행뿐만 아니라 모든 일터에서 사물의 속삭임을 읽을 수 있는 사람이라면 다른 이들의 고충을 이해할 수 있게 될 것이다. 사실은 우리 모두는 너무나 고독한 존재니까, 단 한 사람이라도 내 마음을 읽어주는 이가 있나면 눈물 나게 행복해지는 것이다.

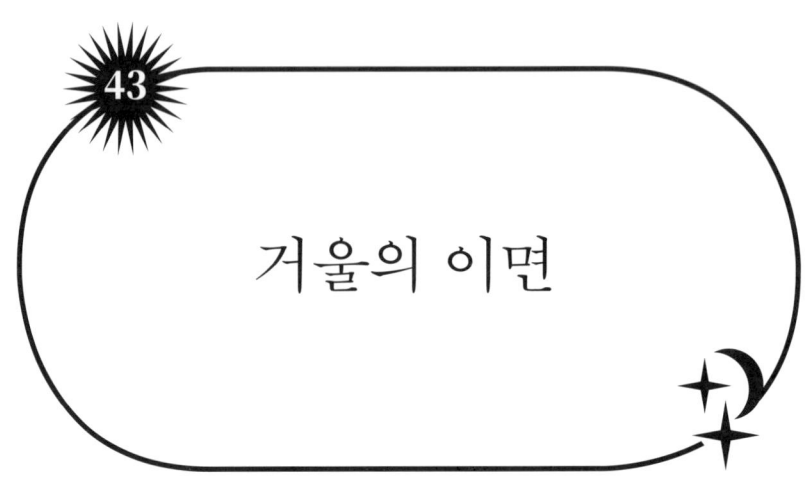

거울의 이면

◀◀ 혼란의 붉은 혓바닥 ▶▶

하루에도 수십 번 거울을 들여다본다. 거기에는 늘 낯선 여자가 있다. 신선함과는 다른 낯선 여자의 얼굴, 볼 때마다 왠지 낯선 얼굴. 어쩔 땐 정말 예쁘고 어쩔 땐 세상에서 가장 못생긴 것 같은 여자가 있는 것이다. 나는 그 여자의 얼굴을 유심히 살펴본다. 그 여자가 오늘은 무슨 심정인지 알고 싶어서다. 그러나 여자는 내면의 슬픔을 얼굴에 고스란히 드러내지 않는다. 그래서 그 여자가 나는 낯설다. 하지만 한편으로는 그렇기 때문에 나는 더욱더 거울을 자주 들여다보고 있는 중인지도 모른다.

화장을 하지 않은 그 여자의 맨얼굴을 보게 될 때 나는 그 여자의 과거를 짐작한다. 그녀는 무척 많이 외로워하였고 아파했었다는 것을 알 수 있다. 어쨌든 세월의 흔적은 피할 수 없는 법이다. 거울에 비친 여자의 얼굴에서 나는 그녀가 살아낸 시간의 이력을 읽어낸다. 그런데 가끔 그 여자와 눈이 마주치게 되는데 그럴 때 나는 흠칫 놀라고 만다. 그녀의 눈동자에 담긴 형언할 수 없는 그 무엇 때문이다. 그것이 무엇인지 아직도 알지 못한 채 나는 그 여자의 얼굴을 보기 위해 또다시 거울을 든다. 거울의 이면에 무엇이 있는지 나도 그녀도 미치도록 궁금하기 때문이다.

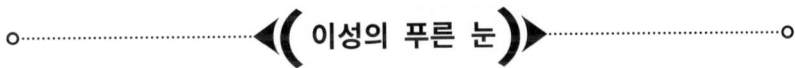

이성의 푸른 눈

삶이 슬퍼질 때 사람들은 거울을 본다. 거울 속에는 자신과 함께 서럽고 고단한 이 삶의 무게를 짊어지고 걸어가는 한 사람이 있기 때문이다. 그렇게 오랜 시간 또 다른 자신과 대면하게 되면 문득 거울 속에서 기거하고 있는 또 한 사람을 발견하게 된다. 바로 거울의 이면에 있는 자기 자신이다. 거울 속 거울 안에는 지금까지와는 전혀 다른 자신이 있을 것이다. 슬픔을 감추고 살아왔던 나, 기쁨을 억누르고 살아왔던 나, 고통을 회피하고 살아왔던 나,

이런 감추어졌던 '나'들이 거울의 이면에 살고 있다.

　어느 날, 우리는 거울을 들여다보다가 이런 비명소리를 지르게 된다.

　"이게 누구야?"

　어제와는 확실히 다르게 보이는 한 사람이 자기 자신이라는 것을 인정하기 싫을 때가 있는 것이다. 라면을 먹고 자서 퉁퉁 부은 얼굴처럼 낯선 자신의 모습이 거울 안에서 자신을 보고 웃는다. 거울은 모든 걸 다 보여주는 것 같지만 그렇지 않다는 것을 아는 사람은 소수다. 소수의 사람은 거울이야말로 인간의 보이지 않는 곳까지 속속들이 알고 있으면서도 결코 그 속내를 드러내지 않는 모호한 존재라는 걸 알고 있다. 그래서 그들은 거울의 이면에 살고 있는 또 다른 자아를 찾기 위해 틈틈이 거울을 탐색하고 있는 것이다.

혼란의 붉은 혓바닥

아무 이유 없다. 그냥 화가 난다. 뭐든 눈에 걸리면 흠씬 때려주거나 우지끈 밟아주고 싶다. 불같이 치솟는 화의 파도를 쉽게 잠재울 수가 없다. 이럴 때는 뭔가를 먹어야 한다고 마음속 거지가 넌지시 말한다.

"이봐, 뭘 망설여? 어서 냉장고 문을 열라고. 뭐든지 먹어야 한다니깐!"

내 마음속에는 배고픈 거지가 여럿 살고 있다. 이 사실은 오늘 처음 외부에 발설하는 일급비밀이다. 다른 사람들도 가끔 그렇다고 내게 자신의 본심을 털어놓는다. 그들은 마음속 거지가 배고파 할 때는 어김없이 "화가 날 때"라고 했다. 참, 공감 가는 말이다. 마음속 거지새끼는 왜 이렇게 자주 배고플까.

"거지님" 혹은 "거지 선생님"이라고 존칭을 써야 지식인 같을 텐데 오늘은 왠지 "거지새끼"라고 막 불러주고 싶다. 그 이유는 물론 내가 마구 화가 나기 때문일 것이다. 화가 날 때는 그 무엇이든 내 앞에 있다는 이유만으로 불쾌하다. 화는 곧 상대방에 대한 원한이기도 한 것이다. 이 주체할 수 없는 화는 어디에서 비롯된 것일까. 화의 탄생에 관한 전설이나 신화는 왜 존재하지 않는 걸까. 아마 화를 처음 낸 어떤 고약한 인간이 그런 것을 거부했기 때문일 것이다. "원래 화란 미화될 사항이 아니지!" 하면서.

◁◁(이성의 푸른 눈)▷▷

이유 없이 화가 난다니? 자신을 속이고 있구나. 이유 없는 화란 없다, 고 보는 것이 타당하다. 세상에 이유 없는 분노는 없다는 뜻이다. 왜 자신이 이유 없이 화가 난다고 스스로의 분노를 합리화시키니? 화를 그렇게 옹호할수록 화는 더욱 커지게 된다. 누구나 화가 난다, 라고 말하는 것도 어폐가 있다. 어떤 이는 화가 날 수 있는 원천적인 기제를 미리 제거하기도 하기 때문이다. 이성의 냉철한 눈으로 보자면 화를 내는 건 무척이나 어리석은 인간의 습관이다. 혹은 해묵은 관습이다.

 마음속에 거지가 산다, 그것 참, 재미있는 표현이다. 그런데 마음속 거지가 화를 먹고 산다고 단정 짓는 것은 분명 섣부른 판단이다. 마음속 거지가 배고프다고 화만 먹이는 건 지극히 개인적인 취향일 뿐이다. 왜 마음속 거지들은 화만 좋아할 거라고 단정 지었는가? 그건 너무나 이기적인 발상이다. 우리의 마음속 거지는 화만 먹고 싶은 존재가 아닌 것이다. 마음속 거지도 자신이 섭취할 음식을 선택할 자유가 있다. 무조건 화만 먹이는 건 각 개인의 어이없는 실수인 것이다. 배고픈 거지에게 진정으로 필요한 건 어쩌면 한 숟가락의 따끈한 밥일지도 모른다. 사랑과 관심이라는 따뜻한 밥.

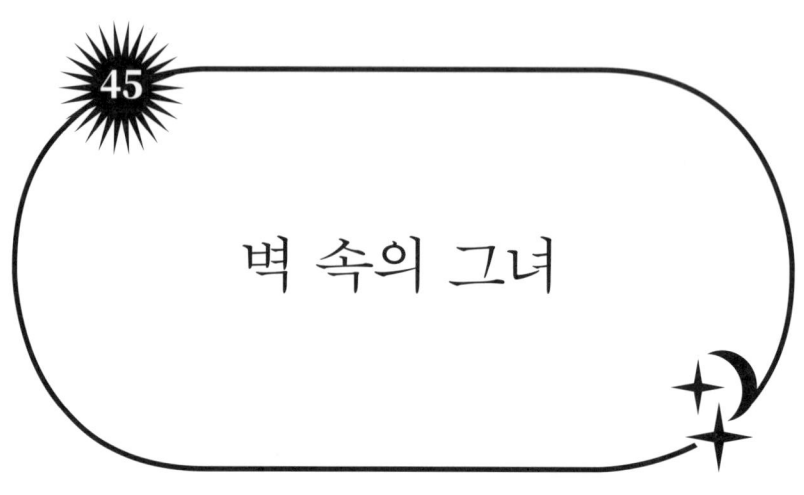

벽 속의 그녀

◀《 혼란의 붉은 헛바닥 》▶

 지하 공장의 벽 속에서 비닐포대기에 쌓인 한 사람의 유골이 발견되었다. 수사 결과 그 사람은 육십 대의 여인, 그녀는 지하 공장의 주인이라고 했다. 발견 당시에 공장은 폐쇄돼 있었다. 벽 속에서 십여 년 만에 세상 밖으로 나온 그녀는 십 년 동안 폐쇄된 공장 안에 철저하게 밀봉되어 있었던 것이다. 도대체, 왜, 누가 한 여인의 삶을 벽 속에 밀봉시켜 버렸단 말인가. 벽 속에 여자를 밀봉시킨 범인은 그녀에게 돈을 빌린 채무자였다고 밝혀졌다. 그럼, 돈을 갚으라는 말에 앙심을 품은 범인이 그녀를 벽 속에 넣고 시멘트를 발랐다는 것이 명백하다. 이제 돈 빌려주는 데도 목숨을 걸어야 한단 말인가.

꿈을 꾸는 것도 불가능했을 것이다. 벽 속의 그녀가 할 수 있는 것은 아무것도 없었을 것이다. 고립된 공간 속에서 그녀는 자신의 삶이 이렇게 허무하게 끝나 간다는 것을 미루어 짐작하지 않았을까. 인간이 인간을 신뢰할 수 없게 되어버린 현실을 개탄하면서 벽 속에서 죽어갔을 한 여인의 비극적인 삶이 오롯이 전해진다. 차단된 공간에서 그것보다 더 차단된 인간관계의 허무함에 대해 여인은 슬퍼하고 있었을 것이다. 벽 속의 그녀가 할 수 있었던 유일한 일은 벽 속에서 벗어나고 싶다는 생각을 하는 일. 그러나 아무도 그녀의 그런 간절한 생각을 알아주지 못했나. 무려 십여 년 동안.

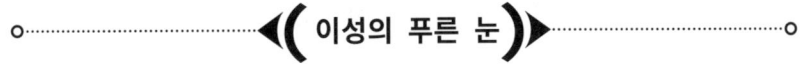

이성의 푸른 눈

돈을 빌릴 때 사람들은 세상에 둘도 없는 착한 사람이다.

"제발, 이번 한 번만 도와줘, 친구야. 돈 생기는 대로 바로 갚을 테니까. 날 믿고 빌려줘."

그런데 돈을 빌려 간 후에 사람들의 태도는 이렇게 바뀐다.

"미안해, 아직 돈이 없네. 생기면 갚을게. 너무 보채지 좀 마라."

돈 빌려준 사람이 죄인이 되어버리는 이상한 현상이 발생하는 것이다. 벽 속의 여인 역시도 범인의 달콤한 말에 속아서 돈을 빌려주었던 것이다. 그녀가 빌려준 돈은 수천만 원, 그 돈을 빌리기 위해 범인은 천사 같은 미소와 성실한 태도로 호감을 샀던 것이다. 그러나 돈을 빌린 다음에 그는 살인마가 되었다.

죽은 여인과 범인, 두 사람은 반나절이 넘게 벽 앞에 있었다. 범인이 벽을 깨고 그곳에 그녀를 넣기 전까지 적어도 그 시간 동안은 벽 앞에서 둘은 공존했다. 채무자와 채권자의 입장에서 죽은 자와 산 자가 되어서 벽 앞에서 서로를 응시하고 있었다. 이윽고, 범인이 그녀가 담긴 파란 비닐포대를 벽 속 좁은 공간에 구겨 넣고 벽돌을 올리고 시멘트를 바르게 되면서 두 사람은 서로 다른 공간에 있게 되었다. 그러나 아무도 모르는 진실이 있었다. 시멘트칠을 마친 그가 지하 공장의 문을 닫고 집으로 갈 때 벽 속의 그녀도 같이 동행했다는 사실이다. 그녀는 답답한 벽 속에서 벗어나서 한때나마 친한 동료였던 그의 어깨 위에 앉아서 숨죽여 울고 있었던 것이다.

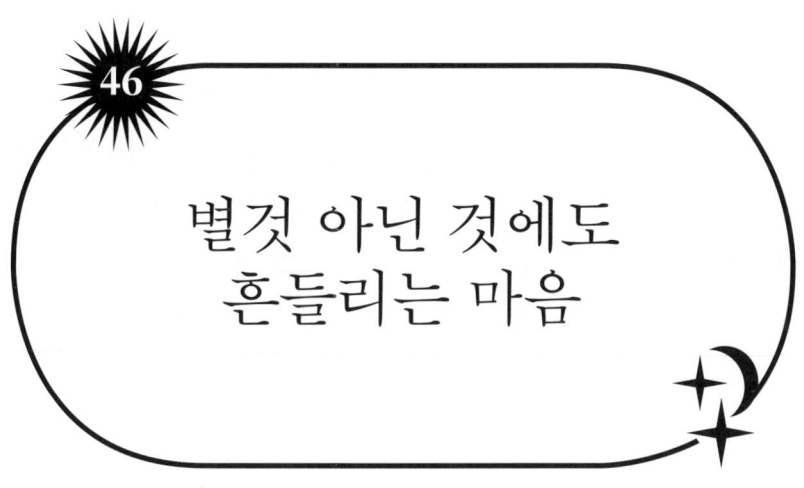

◀◀ 혼란의 붉은 혓바닥 ▶▶

이건 분명히 별것이 아니다. 하지만 나는 견딜 수 없이 흔들린다. 사람을 믿는 것은 어리석은 일. 그 사람을 믿었던 내 자신에 대해 가혹한 채찍을 휘둘러본다. 별것 아니야. 이런 달램은 스스로를 위한 마약과 같다. 별것 아니긴 개뿔! 정말 기가 막히고 코가 막힌 일인데. 착하고 사람 잘 믿는 바보 같은 내 탓이오, 하련다. 이 세상 믿을 사람 하나도 없다. 그렇지. 누굴 믿는다는 것 자체가 인간이 만든 허상이지.

　사람들은 바보처럼 누군가를 믿고 거기에 자신의 신뢰라는 소중한 가치를 실어둔다. 그러나 어김없이 배신의 쓴맛을 보게 된다. 어쩌다 아주 어쩌다 신의가 있는 인간이 있기도 하다. 하지만 그런 인간을 찾는 건 사막에서 낙타 털 찾는 것만큼 어렵다. 나만 어리석은 게 아니야. 온 세상 사람들이 온통 바보들 천지라니까. 기분 더럽다. 만나면 확, 멱살을 잡아주고 싶은 그 인간 생각에 치가 떨리는 걸.

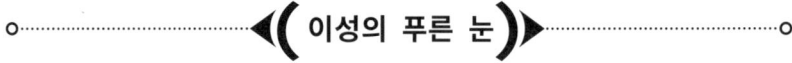

　일상에는 소소한 작은 사건들이 일어난다. 지금 이 사건도 그렇게 볼 수 있다. 믿음을 배신한 인간에 대한 분노.

　"넌 정말 어리석게도 한 사람을 완전히 믿어버렸구나!"

　이 일은 별것 아닌 것이 아니지. 아주 큰 일이야. 그래서 넌 지금 매우 화가 나고 슬퍼하고 있구나. 사람은 언제든 타인은 물론 자기 자신도 속일 수 있는 지극히 가변적인 존재라는 걸 잊지 마. 그걸 잊고 인간에 대해 진정한 믿음을 요구하는 것은 스스로를 몰락시키는 길이야. 그리고 그건 자신을 참담하게 만드는 첩경이기도 하지.

　신뢰가 깊은 사람이란 처음부터 그렇게 타고난 것이 아니라 무수한 자기성찰과 연마에 의해 만들어진 존재지. 그걸 깨닫는 것이 중요해. 그러므로 이번 별것 아닌 사건에 화나고 억울한 마음을 잘 다스려야 한다. 큰일이지만 별것 아닌 것, 그렇게 생각한다. 누구나 다소간의 거짓을 말하고 싶은 본능은 있다는 걸 인정할 때 비로소 인간에 대한 이해의 장이 열릴 것이다.

옷걸이의 생태학

◀《 혼란의 붉은 혓바닥 》▶

 어느 초고층 아파트 20층에 핑크색 옷걸이와 회색 옷걸이가 장롱 속에 살고 있었다. 두 옷걸이의 상호 간의 거리는 채 1센티미터도 되지 않아서 서로의 살냄새까지 다 맡을 지경이었다. 핑크색 옷걸이는 주로 아내와 두 딸의 상의를 걸치고 살았고, 회색 옷걸이는 주로 남편의 담배 냄새나는 양복을 걸치고 살았다. 두 옷걸이는 그럭저럭 사이좋게 살았다. 한 번도 심하게 다투는 일이 없을 만큼 나름대로 행복했다. 괴물 같은 일체형 옷걸이가 그 집에 들어오기 전까지는.

일체형 옷걸이는 바지와 윗옷을 동시에 걸 수 있게 된 옷걸이다. 이미 소문은 들어 알고 있었지만 옷걸이답지 않은 그 녀석의 등장에 핑크색 옷걸이와 회색 옷걸이는 영 기분이 좋지 않았다. 뭔가 자신들의 영역을 침범당한 것 같은 기분이 들었기 때문이다.

"핑크야, 저 일체형 녀석 정말 거슬리지 않니?"

회색 옷걸이가 그렇게 말을 걸어오면 핑크색 옷걸이도 맞장구를 쳤다.

"정말 재수 없어, 저게 뭐야. 품위 없게. 우리처럼 우아한 모습을 유지해야 옷걸이지. 주인님은 도대체 무슨 생각으로 저런 녀석을 데리고 오신 건지, 휴."

그러나 두 옷걸이의 야유와 질시에도 일체형 옷걸이는 무덤덤했다.

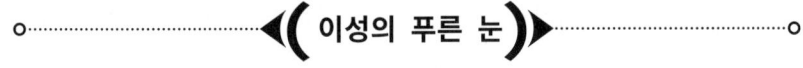

◀(이성의 푸른 눈)▶

신입사원 A씨를 보는 상사의 눈은 늘 불만에 차 있었다. 무슨 이유에서인지 상사는 A씨를 볼 때마다 얼굴을 찌푸리곤 했다. 그럴 때마다 그는 화가 났고 울컥해졌었다. 그건 다른 상사들도 마찬가지였다. A씨는 그 재수 없다는 낙하산 출신도 아니었고, 정당한 시험을 치러서 들어온 사람이었다. 그런 자신을 매번 구박하는 상사들이 너무도 야속한 나머지 울분을 터뜨렸다.

"내가 무슨 큰 잘못을 한 것도 아닌데 왜 저렇게 나만 미워들 하는 걸까?"

그런 그의 하소연을 귀담아 들어줄 사람은 그러나 그 회사에는 한 명도 없었다.

미운 오리처럼 매번 상사들의 구박덩어리로 전락한 A씨는 자신이 왜 그렇게 미움을 받는지 곰곰이 생각해봤다. 같이 입사한 S는 자신보다 외모도 못났고 똑똑한 것도 아니었는데, 상사들의 귀여움을 독차지하고 있었다. S와 자신의 무엇이 다를까, 곰곰이 생각해본 A씨는 드디어 결론에 이르게 되었다. 그것은 직장생활을 시작한 지 1년 만에 얻은 고귀한 깨달음이었다. 자신에겐 없지만 S에게는 있는 것, 그것은 바로 무던함이었다. 상사들은 자신에게 하는 것처럼 S에게도 처음에는 많은 잔소리와 꾸지람을 했지만, S는 자신처럼 민감하게 대응하지 않고 무던하게 넘겼던 것이다. 사람의 마음을 얻는 데에는 지나친 까다로움보다는 그렇게 웃으면서 져주는 것이 필요하다는 것을 그는 뒤늦게 알게 된 것이다.

혹평에 대처하는 우리의 자세

◀《 혼란의 붉은 헛바닥 》▶

"그것도 노래라고 부르냐. 당장 때려치워!"

무대 위로 가래침과 술병이 날아든다.

"그게 연기냐. 우리 집 똥강아지가 연기해도 그것보다 낫겠다. 그럴 시간에 발 닦고 잠이나 자라!"

인터넷 뉴스마다 따라다니면서 테러리스트처럼 악성댓글을 작성한다.

"이딴 것도 작품이라고 만들었냐. 한심하다. 한심해!"

인고의 시간을 이기고 만든 소중한 작품에 침을 뱉는다. 지들은 만들 엄두도 못 내는 걸 만들어 놓았더니 괜히 트집을 잡는다. 네가 그렇게 노래 잘 부르면 네가 가수 하든가? 네가 그렇게 연기 잘하면 네가 연기하든가? 남의 피땀 어린 노고를 우습게 아는 나쁜 인간들.

막상 현실에서는 쥐뿔도 모르는 것들이 잘난 척한다. 기껏 만든 물건을 가지고 갔더니 사람 무안하게 면박을 주는 것들. 자기들이 무슨 신이라도 되는 냥, 사람의 자존심을 짓밟지. 그래, 이해한다고 치자. 너희들도 삶의 울분을 마땅히 배설할 곳이 없어서 그러는 거겠지. 그래도 말이야. 어느 정도 예절은 지켜가면서 살아야 하지 않겠니? 무대 위로 술병 던지고 연예인 뉴스마다 악성 리플 작성해놓고 소중한 작품에 심심풀이로 혹평하면 안 되는 거야. 우리도 나름대로 최선을 다해 살아가고 있거든. 너 그렇게 까불다 언제 나한테 걸리면 가만 안 둘 거야!

◀《 이성의 푸른 눈 》▶

사람들의 얼굴만큼이나 삶에 대처하는 자세도 다양하다. 혹평은 언제나 우리들을 습격해올 준비를 하고 있는 적군이나 마찬가지다. 우리가 무슨 일을 할 때마다 혹평은 미리 진지를 구축해놓고 숨어서 은밀하게 우리를 기다리고 있는 중이다.

"저 인간이 오늘 무슨 일을 할까? 걸리기만 해봐라. 사정없이 짓밟아 줄 테니."

혹평이 이렇게 벼르고 있는 걸 모르고 자신만만한 채 세상에 도전장을 내민 새내기는 상처를 받기 쉽다.

"어떻게 내 작품을 이렇게 폄하할 수 있단 말인가?"

그러나 그건 혹평을 한 사람들의 잘못이 아니다.

바로 자기 자신의 무지에서 비롯된 상처인 것이다. 같은 노래도 김씨가 들었을 때와 오씨가 들었을 때, 평가가 달라지곤 한다. 그 이유는 왜일까? 바로 관점의 차이다. 두 사람은 각자 살아온 인생 행로만큼이나 다른 관점을 가지고 있기 때문에 같은 노래를 들어도 다른 평가를 내리기 쉬운 것이다. 그런 것을 이해하지 못한 다면 사람마다 다른 평가를 듣게 되면 혼란스러워질 수밖에 없다. 그러므로 누군가 우리에게 무엇인가에 대한 혹평을 쏟아놓을 때 우리는 혹평에 대처하는 견고한 자세를 유지해야 한다. 지금 혹평하는 그 사람의 관점이 전부 옳을 수는 없다는 것, 하지만 전부 틀린 것도 아니라는 것을 인정하는 것이 중요한 것이다.

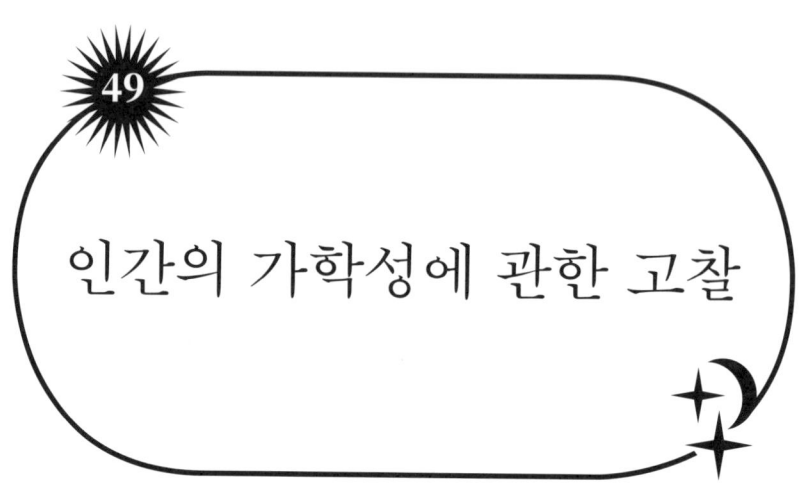

인간의 가학성에 관한 고찰

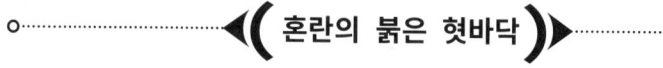

혼란의 붉은 헛바닥

 가여운 길고양이를 잡아서 죽을 때까지 땅바닥에 내던진다. (악마의 손) 고양이의 내장이 터져서 내용물이 쏟아지고 뼈가 부러지고 살이 짓이겨지는 것을 보면서 환호성을 지른다. 살아있는 개의 눈알을 꼬챙이로 빼낸다. (개보다 못한 인간) 그리고 그런 개가 고통에 겨워 몸부림치는 것을 보면서 즐거워한다. 이런 잔인한 짓을 저지른 주체가 인간이라는 것, 부정할 수 없는 진실이지. 그런데 말이야. 죽을 때까지 땅바닥에 패대기치는 것이 고양이뿐일까 싶다. 살아있는 채로 눈알을 빼내는 것이 개뿐일까 싶다.

믿을 수 없지만 같은 인간에게도 이런 가학적인 행위가 벌어지고 있어. 중국에서는 살아있는 소년이 눈을 뽑혔지. 이게 비단 특정한 국가에서만 벌어지는 일일까. 어떤 인간들은 인간을 먹기도 한다지. 우웩~ 비교적 최근까지도 어느 나라에서는 식인이 이루어지고 있었다고 하고, 지금도 비밀리에 인간의 아기나 인육 캡슐을 먹는다는 것이 밝혀졌단 말이야. 이런 신체적 가학만 이루어지는 건 아니야. 정신적인 가학도 존재하지. 이런 정신적 가학이야말로 개인의 가치를 깡그리 짓밟는 행위인 것을 가학의 주체 역시 잘 알고 있어. 사람이 사람을 어떻게 그렇게 잔인하게 괴롭힐 수 있을까, 싶을 정도로 학대하는 사람들. 누가 그들을 짐짓 모른 척하면서 살아가고 있는가.

◀《 이성의 푸른 눈 》▶

어느 요양원에서 벌어진 일이다. 90대 할머니 한 분이 침대에서 낙상을 하셨다. 그래서 골반뼈가 부러지는 중상을 입게 되었다. 그런데 침대에서 떨어진 할머니를 발견한 요양원 직원들은 할머니를 30분이 넘도록 바닥에 그대로 방치하고 오히려 할머니를 침대에 묶어버렸다. 골절상을 입은 할머니는 치료는커녕 침대에

묶인 채 고통스러워해야 했던 것이다. 적어도 상식이 있는 사람이라면 연로하신, 그것도 요양원에서 치료를 받고 있는 환자인 할머니가 낙상을 하셨다면 어디 다치시진 않았는지 알아보는 게 당연한 일이 아니겠는가.

 최소한의 상식조차 갖추지 못한 채 이 세상을 살아가는 인간들이 적지 않다. 이런 무상식 인간들은 자신 이외의 존재들의 고통에 대해 무감각하며 때로는 그들의 고통스러워하는 모습을 유희 거리로 즐긴다. 가학적인 인간이 되는 이유는 무엇일까. 그 까닭은 아마도 존재에 대한 연민이 부족하기 때문일 것이다. 누군가에 대해, 무엇인가에 대해 연민할 줄 안다면 절대로 다른 존재를 고통에 빠트리면서 즐거움을 느낄 수 없다는 건 진실이다. 부모를 학대하는 자녀, 자녀를 학대하는 부모, 친구를 학대하는 친구, 국민을 학대하는 정치인, 환자를 학대하는 의사 등 이 사회의 모든 가학자에게 필요한 것은 그들의 행동이 분명히 잘못된 것이라는 것을 정확히 인식시켜 줄 제3의 눈일 것이다.

폐허 속 사내

◀《 혼란의 붉은 혓바닥 》▶

 사내는 견딜 수 없을 정도로 추웠나 보다. 재개발을 앞둔 어느 폐허 속에서 불을 지피다 그만 자기 자신까지도 활활 불태워버린 사내. 그의 나이는 이제 마흔둘, 조선소를 다니다 얼마 전 권고사직을 당하고 그가 갈 수 있는 곳은 없었다. 집에는 아내와 쌍둥이 아들 둘, 그가 아니면 당장, 먹고 살기조차 힘든 가정형편. 그래서 차마 그는 가족에게 자신의 실직 소식을 말하지 못했을 것이다.

그는 여느 때처럼 똑같은 옷을 입고 멀쩡한 얼굴로 출근을 한다.
"여보! 잘 다녀오세요."
사랑스러운 아내의 인사에 미소 짓는 그의 얼굴은 어딘가 모르게 슬퍼 보였을 것이다.

영하의 날씨에 한강물도 얼어붙었다는 겨울밤. 지겹도록 긴 겨울밤에 그는 철저하게 망가져버린 폐허 속에서 무엇을 하고 있었을까. 이것저것 잡동사니들을 모아다, 태우면서 언 몸을 녹이던 그는 그 연기에 그만 질식사를 하고 만 것이다. 그리고 화재가 나서 생전의 그가 누구였는지도 모를 만큼 까맣게 타버렸다. 아직 젊은 나이, 마흔둘의 가장이었던 그는 그 밤, 폐허 속에서 어떤 생각을 품고 있었을까. 나는 문득 폐허 속 그 사나이가 궁금해지는 것이다.

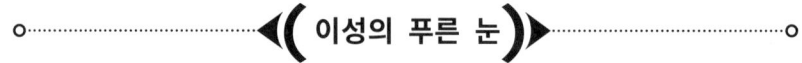

이성의 푸른 눈

농촌 마을에는 폐가가 많다. 기존에 살던 사람들이 나이가 들어서 세상을 떠나고 쓸쓸히 남은 빈집들은 결국 아무도 살지 않는 폐가가 되는 것이다. 한 집 건너 한 집이 폐허다. 가끔은 마을의 절반 이상이 흉물스러운 폐가인 곳도 있다. 도시에서도 폐가를 종종 보게 된다. 나는 폐가 앞을 지날 때면 그 집에서 살던 이들의 삶을 상상해보곤 한다. 내게 있어 그곳은 더 이상 흉물스러운 곳만은 아니다. 추수를 하고 밭일을 하고 열심히 농사지으면서 살았을 우리의 부모들, 아이들은 성장해서 도시로 떠나고 늙은 노부부만 남아서 살았을 그 집. 결국 노부부도 죽고 남은 건 쓸쓸함만 더한 폐허다. 폐허란 어쨌든 가슴 시리게 쓸쓸한 존재인 것이다.

실직한 어느 가장이 폐허 속에서 잿더미로 발견되었다. 그의 사인은 질식사. 그러나 그를 죽인 근본적인 원인은 사회적 무관심과 방관이 아닐까 싶다. 우리 사회의 모든 구성원은 사회적 살인자가 될 수도 있고, 사회적 피살자가 될 수도 있는 것이다. 언제 어느 때 회사로부터 사직을 권유받을지 모르는 것이 현대사회의 불안전한 메커니즘이 아닌가. 누구든 이곳이 평생 나의 직장이라고 마음 놓고 큰소리치지 못하는 것이 요즘 직장인들의 애로사항이다. 그래서 사람들은 한 번씩 폐허를 찾는다. 폐허의 쓸쓸함과 고독이 주는 어떤 위로를 받기 위해서다. 그곳에 가면 뭔가 모를 연대감을 느끼니까. 너 역시도 나만큼 뼈저리게 고독하고 외로운 존재라는 것에 대한 깊은 공감을 하니까.

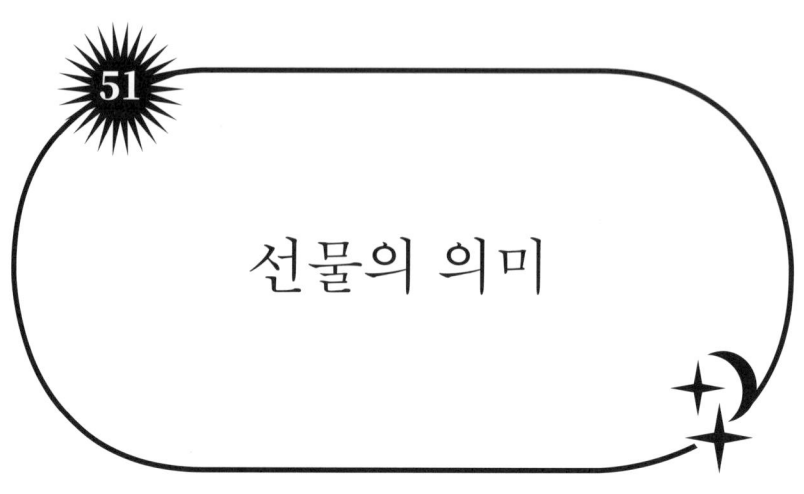

선물의 의미

혼란의 붉은 혓바닥

여자 친구의 생일에 종이학 천 마리를 곱게 접어서 선물한 남자가 있었다. 그걸 접느라 남자는 손가락에 물집이 생기기도 했다. 그러나 그 선물을 받은 여자 친구의 반응은 대략 이러했다.

"아니, 요즘 세상에 무슨 종이학 천 마리냐? 어이없네."

그도 그럴 것이 여자 친구가 바라던 생일선물은 명품백이거나 적어도 백화점 상품권이었던 것이다. 종이학 천 마리를 어디 팔

수도 없고, 그녀에게 그건 그냥 허접한 쓰레기로 보였다. 남자친구가 종이학 천 마리를 접으면서 어떤 정성을 쏟았을지는 전혀 관심 밖이었다. 남자는 좌절하고 말았다.

'이럴 줄 알았으면 그냥 편하게 백이나 사주고 말걸.'

사과 상자에 현금을 넣어서 선물하는 것은 선물이 아니라 뇌물이다. 그렇지. 그걸 선물이라고 우기는 사람이 웃긴 사람이지. 적어도 선물이라는 것은 그 사람에 대한 순결한 사랑의 마음이 담겨 있어야 하는 거거든. 뇌물이 선물이 될 수 없는 이유는 간단해. 그것은 대가를 바라는 즉, 깨끗하지 못한 마음으로 주는 물건이란 말이야. 사람들은 자신이 주는 선물을 받고 상대방이 모두 감동받길 원하지. 그러나 그건 그리 쉬운 일이 아니거든. 그게 선물을 주는 사람이나 받는 사람이나 어려운 점이야. 선물의 의미를 제대로 아는 사람이 얼마나 될까. 나는 가끔 선물을 고를 때 그 의미가 궁금하거든.

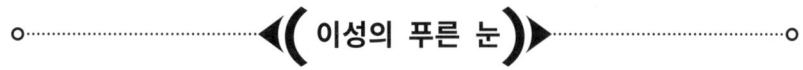

이성의 푸른 눈

겨우 다섯 살 된 소녀가 이 세상에 자신의 심장과 간 등을 남겨주고 삶을 마감했다. 평소에 건강했던 아이는 갑작스런 심장마비로 대학병원에 입원하게 되었던 것이다. 부모는 평소에 명랑하고 착했던 아이를 떠올리면서 딸아이의 장기를 기증하기로 했다. 아이의 간과 심장은 생명이 위독한 환자들에게 잘 이식되어서 그들의 건강을 다시 되찾아주게 되었다.

"우리 딸이 저희의 결정을 좋아할 거예요. 짧은 삶이었지만 이렇게 의미 깊게 살다간 우리 딸에게 감사합니다."

부모님은 그렇게 자신들의 슬픔을 승화시키고 있었다.

죽음의 문턱에 이르렀던 한 소년이 어린 소녀가 선물해준 간으로 다시 새 생명을 얻게 되었다. 소녀의 선물은 진정한 선물의 의미와 인간이 진정으로 누군가에게 베풀어줄 수 있는 사랑의 최대치를 우리에게 보여주었다. 누구나 쉽게 그런 결정을 할 수 있는 건 아니다. 자신의 사후에 장기를 기증하겠다고 서약하는 사람들이 늘어나고 있는 추세지만 아직은 소수다. 선물이란 받는 이의 상황을 잘 헤아려줄 때에야 비로소 의미가 깊을 것이다. 선물을 주려거든 이 선물로 상대방이 희망을 얻고 행복을 누릴 수 있는지 먼저 생각해봐야 할 것이다. 소녀가 이 세상에 남겨준 선물처럼 어떤 선물은 생명을 되살리는 기적을 만들기도 한다.

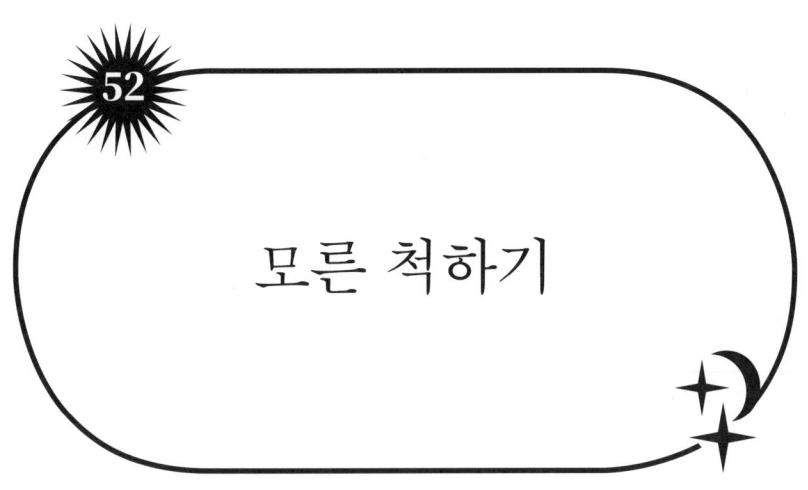

모른 척하기

◀◀ 혼란의 붉은 혓바닥 ▶▶

주차장 입구를 나올 때 뭔가가 물컹하고 차 아래쪽에 밟혔다. 선글라스를 낀 운전자는 분명히 알고 있었다. 그것이 무엇인지를. 오른쪽 가로등 곁에서 쓰레기 봉지를 들고 서 있던 앞동 여자였다. 그녀의 남편은 초등학교 교장 선생님이었고 그녀는 전업주부였다. 언젠가 우연히 마트에서 마주친 적이 있었던 그 부인이 하필 그 귀퉁이에 서 있었던 것이다. 코너를 돌아가는 순간에 그녀가 함께 자동차에 끼어버린 것이다. 여자는 자신의 고급차에 깔려버린 교장 선생의 부인에게 화가 났다.

"왜 비싼 내 외제차에 재수 없게!"

바퀴에 걸린 것인지 어쩐 것인지 노부인이 잠시 자신에 차에 들러붙었다는 걸 알았지만 여자는 차를 정지시키지 않고 엑셀을 더 세게 밟았다.

"이럴 땐 모른 척하는 게 최선이야."

모른 척하지 않는 건 바보 같은 짓이다. 솔직히 자신이 무슨 잘못을 했나 싶다. 어두운 밤에 시커먼 쓰레기봉투를 들고 하필 그 구석에 멀뚱하게 서서 차를 피하지 않은 늙은 여인의 잘못이 더 크다고 생각했다. 그래서 그녀는 최대한 모른 척하기로 했다.

"혹시 그날 주차장에서 나오실 때 이 부인을 보시지 않았나요?"

수사관의 물음에 그녀는 옅은 미소를 띠며 말했다.

"처음 보는 아주머니네요! 전 몰라요."

이성의 푸른 눈

나쁜 일을 저지른 사람의 심리는 두려움과 양심의 가책이 지배할 것이다. 주차장을 나오면서 노부인을 차에 치고 달아난 그녀 역시도 두려움과 양심의 가책이 동시에 마음을 괴롭게 했을 것이다. 하지만 양심의 가책을 껌 뱉듯이 뱉어 내버리고 사는 사람도 있다. 죽을 짓을 하고서도 자신이 정녕 무엇을 잘못했는지 깨닫지 못하는 것이다. 모른 척하면서 산다는 건 양심의 가책을 느끼지 못하는 사람이 되기로 선택하는 것이나 마찬가지다. 이웃에서 부부싸움이 나서 아내가 남편에게 폭행을 당하는 걸 뻔히 알면서도 모른 척하는 옆집 사람들이 어디 한두 명인가.

　친구들이 돌아가면서 한 친구를 따돌려도 "얘들아, 그러지 마. 저 친구가 아무리 맘에 안 들어도 이렇게 왕따시키는 건 옳지 않아."라고 말하는 아이는 별로 없다. 그 대신 그 상황에 대해서 전혀 모르는 사람처럼 초연해진다. 그러다가 어느새 자신도 친구를 왕따시키는 가해자의 무리에 합류하게 되는 것이다. 모른 척하면서 살다가는 모른 척, 의 희생자가 될 가능성이 크다. 어느 날, 입장이 바뀌게 되는 상황이 발생하게 될 것이 분명하다. 왜냐하면 모른 척하면서 살아가는 사람에게는 꼭 그런 성향의 사람들이 모이기 마련이기 때문이다. 타인의 불행에 전혀 안타까워하지 않고 자신의 죄까지도 합리화시키는 모른 척, 인간이 되는 것을 우리는 경계해야 한다.

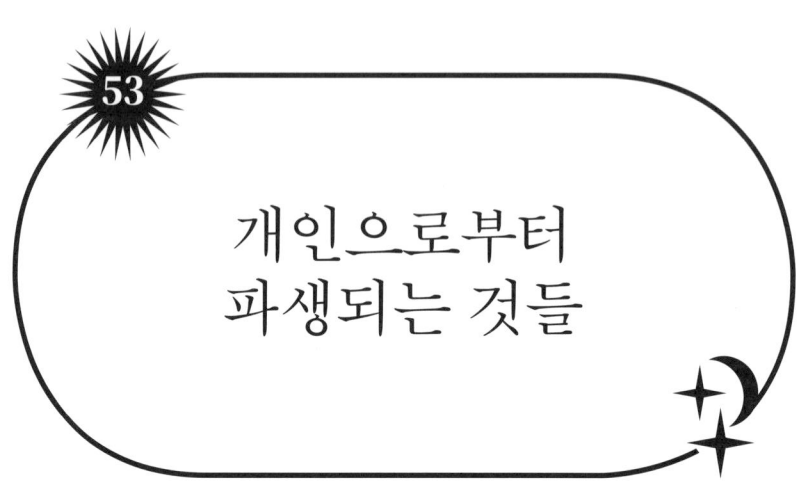

 아침 식사 후에 나는 정해진 시간에 정확히 창문을 다 열어젖히고 빗자루로 작은 방을 쓴다. "쓱싹쓱싹" 싸리 빗질하는 소리가 음악 소리처럼 정겹다. 나의 방은 아주 작은 방이다. 대여섯 명이 누우면 가득 차 버릴 것 같은 작은 방인데 청소할 때마다 쓰레받기에 각종 먼지와 찌꺼기들이 가득하다. 이것은 모두 사람으로부터 파생되는 것들이다. 그것들을 자세히 들여다보면 각질, 머리카락, 기타 귀지나 코 분비물 등이 있을 것이다. 처음엔 그것들이 더럽다, 고 생각했다. 왜 인간은 이렇게도 많은 것들을 남겨야 하룻밤을 겨우 지낼 수 있는 것일까.

자고 일어나서 빗자루로 방을 아무리 박박 쓸어 담아도 아무것도 나오는 게 없다면 그 방은 어떤 방일까. 사람이 살지 않는 방일까, 사람이 죽은 방일까, 애초에 사람이 존재하지 않았던 방일까. 아침마다 나는 쓰레받기에 무엇이 담겨 있나 관찰하는 습관이 생겼다. 여름철에는 시커먼 날벌레가 가득하다. 그러고 보니 계절에 따라서 나오는 것들이 다르긴 하다. 불과 몇 달 전만 해도 가득하던 날벌레 사체가 이제는 한 마리도 보이지 않는다. 그건 무슨 의미일까. 날벌레로부터 파생되던 것들이 이제는 흔적조차 보이지 않게 되었다는 것. 날벌레가 이 계절에 존재하지 않는다는 슬픈 사실.

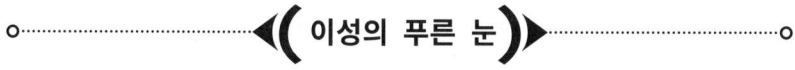

◀《 이성의 푸른 눈 》▶

차가워진 유리창에 "호~" 하고 입김을 불면 하얀 김이 유리창을 뒤덮는다. 개인으로부터 파생된 입김의 마술이다. 인간은 각자가 가진 고유성만큼이나 다양한 것들을 이 세상에 파생시킨다. 작가는 글을 파생시키고, 가수는 노래를 파생시키고, 판사는 판결을 파생시키고, 학생은 학구열을, 의사는 병 치료를, 과학자는 과학의 진화를 파생시킨다. 이런 파생은 거기에서 그치지 않는다. 표면적으로 명백하게 드러난 파생물들 외에도 각 개인의 비밀스러운 내적 분비물들이 또한 파생된다.

음흉한 속마음을 지닌 사람은 "음탕함"을 파생시키고, 연민할 줄 아는 사람은 "인간애"를 파생시키고, 호기심이 많은 사람은 "탐구성"을 파생시키고, 겸손할 줄 모르는 사람은 "무례함"을 파생시킨다. 아침마다 방바닥에 떨어져 뒹구는 각질과 머리카락처럼 각 개인은 그 무엇인가를 매 순간 파생시키고 있는 것이다. 나는 그래서 하루하루가 두렵다. 내가 오늘 무엇을 파생시킬지 모르기 때문이다. 어떤 날은 분노에 차서 "화와 절망"을 파생시키고, 어떤 날은 슬픔에 차서 "눈물과 자조"를 파생시키는 나를 발견하게 된다. 그래서 하루하루가 무척이나 조심스러운 것이다.

궁극의 지향점

◀《 혼란의 붉은 혓바닥 》▶

에베레스트를 오르던 30대 산악인이 실종되었다. 동료들의 애끓는 수색작업에도 그는 결국 발견되지 못했다. 어느 눈 덮인 산자락에 얼어 있을 그의 시신을 끝내 발견하지 못하고 말았던 것이다. 그는 왜 에베레스트를 올랐을까. 세계 최고봉이라는 에베레스트를 오르려다가 실종되고 사망하는 사람들이 한둘이 아니다. 전 세계에서 그곳을 정복하기 위해 오늘도 비행기에 오르고 있는 산악인들. 그들에게 에베레스트의 산 정상이야말로 궁극의 지향점일 것이다. 그래서 정상에 오른 사람은 눈물을 쏟고 자국의 국기를 꽂고 감격해하는 것이다. 그러나 그곳에 오르려면 수많은 희생과 인내의 시간이 필요하다.

셀파의 도움을 받는다고 하더라도 정상에 오르는 건 어디까지나 자신의 몫이다. 산소 호흡기를 끼고서도 숨이 턱에 차오른다는 고산, 우리들에게도 그런 고산이 하나씩 있는 것이다. 정복하지 않으면 안 되는 궁극의 지향점을 누구나 한 개씩은 지니고 사는 것이다. 20여 년 동안 무려 110여 명이 목숨을 잃은 남미의 최고봉인 아콩카과산 정상에 오른 미국의 9살 소년, 그 소년에게 산은 어떤 지향점일까. 아직 젊은 청춘을 에베레스트에 기꺼이 묻은 산악인에게 산은 어떤 지향점이었을까. 같은 산이더라도 산에 대해 무관심한 사람에게는 아무것도 아닐 수도 있는데 누군가는 목숨을 건다.

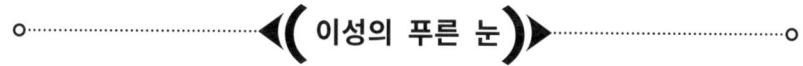

이성의 푸른 눈

"아, 손이 너무 아프다."

잠결에 내가 한 말이다. 어젯밤에 잠을 자는데 오른쪽 손이 마비되는 증상이 나타나서 잠에서 몇 번이나 깬 것이다. 이런 증상은 주로 글을 많이 쓴 날 발생한다. 한마디로 말해서 직업병인 것이다. 그러나 이러한 손저림 증상에도 불구하고 나는 오늘 다시 이렇게 글을 쓰고 있다. 바로 내 자신이 지향하는 그곳에 도달하기 위해서다. 나의 지향점은 인생의 지혜를 깨닫는 것이다. 그리고 그러한 깨달음을 여러 사람에게 전해주는 것이다. 그러므로 나는 살아있는 동안에는 글을 써야만 한다. 궁극의 지향점에 도달하기 위해서는 그까짓 손저림쯤은 아무것도 아니다.

자신의 지향점이 어디인지 모르고 살아가는 사람은 삶을 낭비하기 쉽다. 에베레스트 정상에 오르기 위해서는 엄청난 훈련을 반드시 해야 한다. 그렇지 않는다면 산 중턱에도 못 가 쓰러지고 말 것이다. 자신의 지향점을 알고 그곳에 도달하기 위해서는 평상시에 자신의 마음가짐을 연습해야 한다.

"내가 도달하고자 하는 궁극의 지향점을 위해서라면 목숨까지도 걸겠어."

이런 비장한 각오를 갖지 않는다면 어떤 것도 제대로 이룰 수 없다는 것을 알아야 한다. 삶은 호락호락하지 않다. 궁극의 지향점이 없이 산다는 건 한 번뿐인 인생을 허무하게 흘려보내는 어리석은 짓이다.

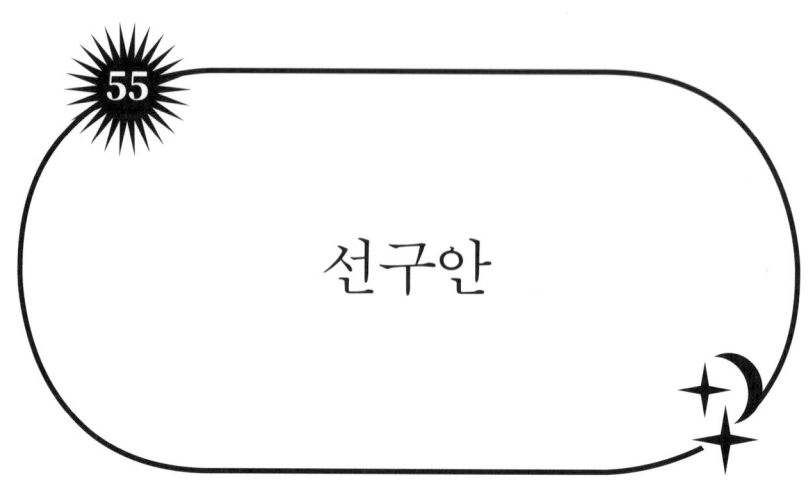

55 선구안

혼란의 붉은 혓바닥

패넌트레이스 1위와 2위를 달리고 있는 두 팀의 박빙의 경기가 벌어지고 있는 잠실야구장. 관중들은 숨죽이고 그라운드를 응시하고 있다. 9회 말 투아웃에 주자 만루, 타석에는 선구안이 가장 좋기로 소문난 4번 타자가 나와 있다. 이 선수의 선구안은 이미 정평이 나 있다. 그가 얼마나 스트라이크와 볼을 잘 고르는지는 이미 4할이 넘는 출루율이 증명하고 있는 중이다. 홈팀 관중들은 이번에도 여지없이 그가 스트라이크에는 안타나 홈런을, 볼에는 포볼을 얻어낼 것을 예상 중이다.

드디어, 4번 타자 김홈런 선수가 배트를 휘둘렀다. "땅!" 마치 권총 소리와 같은 명쾌한 소리가 구장을 울렸다. 그런데 이게 웬일인가. 꿈에도 생각 못한 일이 벌어지고 말았다. 김홈런 선수가 친 공은 스트라이크 존보다 한참 위로 온 볼이었던 것이다. 그가 친 공은 2루수의 품에 사뿐히 안기고 말았다. 점수는 고사하고 경기를 지게 만든 어이없는 실수였다. 관중들은 실망한 나머지 분노에 찼다.

"아니, 저 선수가 웬일이래. 평소에 그렇게 선구안이 좋더니 아휴, 정말 화가 나."

그 말을 듣기라도 한 건지 김홈런 선수가 고개를 푹 숙이고 덕아웃으로 들어가면서 이렇게 힘없이 말하였다.

"저도 인간이니까요. 저도 실수를 하지요."

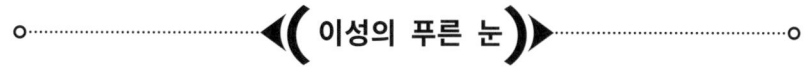
◀(이성의 푸른 눈)▶

나는 프로야구 열혈팬이다. 야구만큼 사람을 설레게 하고 흥분시키는 종목도 드물 것이다. 프로야구를 좋아하는 사람들에게 야구란 인생의 크나큰 즐거움이나 마찬가지일 것이다. 물론 프로농구, 프로축구, 기타 스포츠가 다 그럴 것이다. 특히 야구에 있어서는 선구안이 매우 중요하다. 투수가 던지는 공이 어떤 공인지 정확히 파악할 수 있다면 그 타자는 이미 최고의 타자인 것이다. 그만큼 선구안이 팀의 승패를 결정하는 데 공헌하는 바가 크다고 볼 수 있다.

우리의 삶에도 선구안이 필요할 때가 있다. 요즘 들어 난 이 사실을 절감하고 있다. 보통의 사람들에게 필요한 선구안은 바로 다른 사람의 본성을 꿰뚫어볼 수 있는 기술이다. 이 선구안이야말로 인생의 성공과 실패를 가르는 주요한 키워드다. 어떤 사람이 어떤 종류의 인간인지를 일찍 파악할수록 인간관계를 잘 리드해 갈 수 있다. 특히 이런 사람은 절대로 자신의 삶에 들여놓아서는 안 된다. 어떤 점을 볼 때 비관적인 면만 보는 사람, 이런 사람은 타인에 대한 비방을 즐겨 하고 절대로 자신이 부족했다, 틀렸다, 미안하다 등의 말을 하지 않는다. 훌륭한 타자가 볼을 골라내듯 그런 사람들과의 관계는 일찍 끝내주는 것이 현명한 태도다.

◀❰ 혼란의 붉은 혓바닥 ❱▶

사별 후 혼자서 두 아이를 키우는 순희씨는 요즘 눈금 보는 게 습관이 되어버렸다. 그녀가 날마다 조바심치며 들여다보는 눈금의 정체는 기름 탱크에 있는 눈금이다. 그녀의 집은 주택이어서 기름을 연료로 사용한다. 하룻밤 자고 나면 그 눈금을 들여다보면서 한숨을 푹 내쉰다.

"하루밖에 안 됐는데 벌써 이만큼 닳았네."

그도 그럴 것이 기름 한 드럼을 시키려면 25만 원이 있어야 하는 것이다. 보험설계사 일을 하면서 중학생, 고등학생 아이를 키우는 그녀에게 25만 원은 결코 작은 돈이 아니었던 것이다. 가끔은 그런 자신이 서글퍼져서 혼자서 숨죽여 울기도 했다.

몇 해 전 세상을 떠난 남편을 부르면서 속으로 많이 울었던 그녀, 이제 그녀에게 남은 건 어린 두 아들과 지독한 생활고였다. 암에 걸린 남편의 병원비 등으로 전 재산을 거의 날리고 겨우 방 한 칸 있는 집을 얻어서 살고 있는 순희씨에게 기름 탱크의 눈금은 마치 자신의 속살을 갉아 먹는 식인 벌레와 같았다. 조금씩 키가 낮아지는 그것을 지켜보는 것이 괴로웠던 것이다. 그런 그녀도 한때는 즐겁게 눈금을 바라봤던 적이 있었다. 십몇 년 전 어느 날, 그녀는 주방에서 행복한 표정으로 젖병의 눈금을 가늠하고 있는 중이었다.

"이 정도 양이면 괜찮을 거야. 우리 아가 먹이기에 적당해."

◀《 이성의 푸른 눈 》▶

미래를 미리 알 수 있다면 얼마나 좋을까. 사람들은 미래를 알고 싶어서 새해에는 토정비결을 보고 평상시에도 점집 등을 찾아서 자신의 미래를 알아본다. 그러나 그 누가 미래를 정확히 예측해줄 수 있겠는가. 순희씨 역시도 자신이 미래의 어느 날, 기름 탱크의 눈금을 보면서 절망과 한숨을 토해내리라고 꿈에도 생각하지 못했던 것이다. 이 땅에는 순희씨 같은 사람이 한둘이 아니다. 과거에는 그렇게도 잘 살던 사람이 하루아침에 쫄딱 망해서 알거지가 된 사람, 과거에는 그렇게도 행복했던 사람이 세상 어디에도 없을 불행한 사람이 되어버린 경우 등.

사랑스러운 자신의 아기를 위해 분유를 타면서 순희씨가 얼마나 지극정성을 다했는지 우리는 보지 않아도 알 수 있다. 혹시나 너무 뜨거울까, 혹시나 너무 차가울까 손등에 우유 방울을 살며시 떨어뜨려 보고 뜨겁지도 차갑지도 않게 아기에게 적당한 온도를 찾던 그녀에게 그 순간 젖병의 눈금은 행복의 수치를 나타내주는 것과 같았을 것이다. 건강한 남편, 사랑스러운 자식, 그러나 그런 행복은 불과 몇 년 만에 사라지고 말았다. 건강했던 남편은 죽었고 자식은 더 이상 우유만 먹고도 방글방글 웃던 아기가 아니었던 것이다. 눈금에도 시차가 있다. 행복과 불행, 이 두 가지가 언제 어느 때 뒤바뀔지 모른다는 것을 우리는 유념해야 한다.

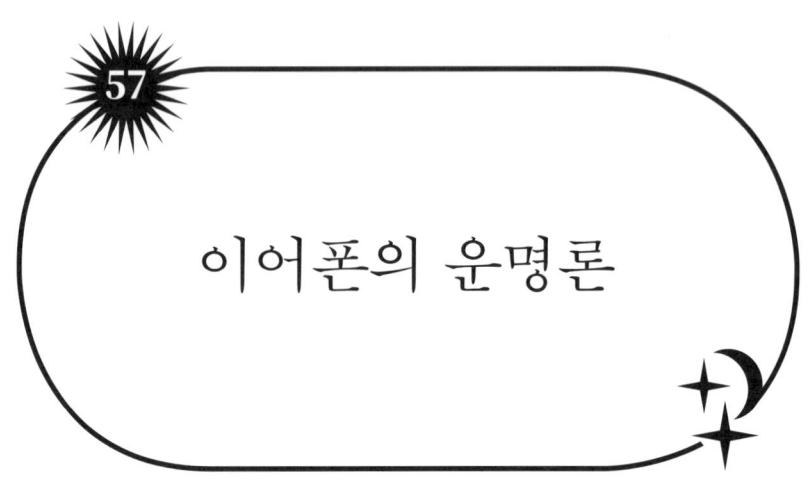

이어폰의 운명론

◀《 혼란의 붉은 혓바닥 》▶

십 대 후반의 어느 날에 난 소형카세트로 노래를 들으면서 버스를 타고 인공폭포 앞을 통과하고 있었다. 그때 난 어느 학원을 다니고 있었던 것이다. 그때는 스마트폰이 없던 시절이었지만 조그만 카세트로 음악을 들을 수 있던 시절이었다. 그런데 그렇게 음악을 이어폰으로 즐겨 들은 결과 한쪽 귀가 잘 들리지 않게 되었다. 가는귀가 먹은 것이다. 그 후로 이어폰과 인연을 끊었다.

"더 이상 이어폰으로 노래를 듣지 않겠어."

그로부터 삼십여 년이 흐른 후, 난 이어폰을 다시 귀에 꽂고 음악을 듣게 되었다. 가족들이 함께 있는 공간에서 글을 쓰면서 컴퓨터로 음악을 들으려니 어쩔 수 없는 것이었다. 다만 예전처럼 무지막지하게 큰 소리로 음악을 틀지는 않았다. 최소한의 볼륨으로 음악 감상을 하면서 잘 지내던 며칠 전, 이어폰 한쪽이 고장이 나고 말았다. 이어폰이 이어폰으로서 더 이상 제 몫을 해내지 못하게 된 것이다. 한쪽이 고장 난 이어폰은 정말 쓸모없는 것이다. 한쪽으로만 듣는 음악은 반쪽 노래가 되어서 영 개운치 않았다. 결국 이어폰은 쓰레기통으로 직행하고 말았다. 새로 산 이어폰은 음질이 기가 막히다. 사운드가 현장감이 느껴질 정도다. 하지만 난 버린 이어폰이 자꾸만 눈앞에 어른거린다.

'이어폰 잘못도 아닌데, 이이폰은 이어폰으로서 역할을 충실히 했을 뿐인데, 그렇게 쉽게 버려도 되는 것이었을까.'

◀(이성의 푸른 눈)▶

전철역에서 공사를 하던 인부가 작업 중에 역사 위의 고압선에 닿아서 감전을 당하였다. 다행히 병원으로 옮겨져 목숨은 구할 수 있었으나 전신 피부에 심각한 화상을 입어 수천만 원이 드는 피부이식 수술을 받아야만 했다. 인부와 그의 가족들은 당연히 회사로부터 보상을 받아서 수술을 할 수 있으리라고 기대했다. 하지만 전철역 공사와 관련된 네 군데의 회사에서는 모두 자기 탓이 아니니 보상해줄 수 없노라고 했다. 결국 아무에게서도 수술비며 병원비를 지원받지 못하게 된 것이다.

　감전 사고를 당하기 전까지만 해도 그는 유능한 직원이었다. 수십 년 동안 성실히 근무해온 그는 동료들은 물론 상사들로부터도 인정받는 사람이었다. 그러나 감전 사고로 자리에 드러누워 더 이상 자신의 직무를 수행할 수 없게 되자 버림받게 되었다. 우리가 쉽게 버리는 고장 난 이어폰처럼 그는 그렇게 모든 사람으로부터 외면받게 된 것이다. 사람이든 물건이든 그것이 어떤 상태로 망가졌든 간에 그의 과거를 기억해줄 수 있어야 한다. 그들이 얼마나 성실하게 열심히 살아왔는지에 대한 감사함을 갖지 않는다면 고장 난 이어폰처럼, 외면받은 전철역 인부처럼 언젠가 우리도 그렇게 되고 말 것이니까.

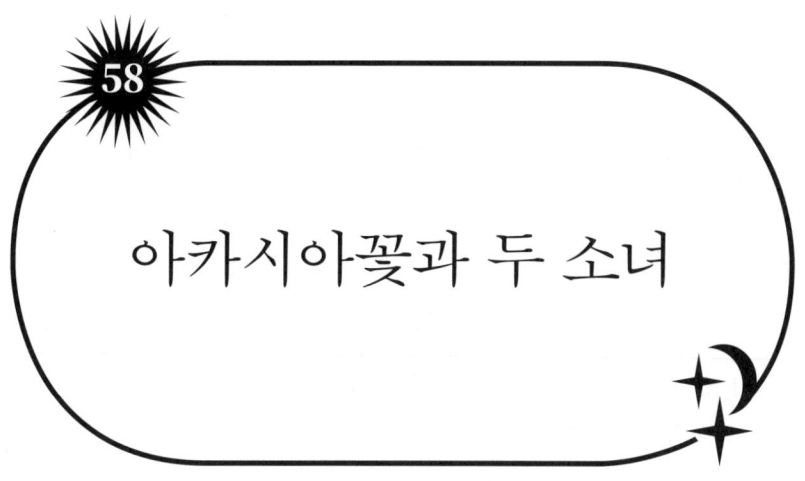

아카시아꽃과 두 소녀

《 혼란의 붉은 혓바닥 》

아카시아꽃이 흐드러지게 핀 화사한 5월이었다. 지금으로부터 삼십여 년 전 그날, 두 소녀는 아카시아 나무 앞에 서 있었다.

"정말 향기 좋다. 아카시아꽃 향기 좀 맡아봐."

"그러게, 정말 향기롭다. 이 꽃으로 손팔찌 만들자."

한 소녀가 아카시아꽃을 꺾어서 손팔찌를 두 개 만들었다. 그리고 친구의 손목에 그걸 채워주었다.

"이제 곧 우리들은 졸업해서 헤어지겠지. 하지만 먼 훗날에도 우리 우정은 변함없을 거야. 그치?"

"그걸 말이라고 하니? 당연하지."

다른 한 소녀가 소녀의 손을 맞잡았다. 두 소녀의 가슴엔 그 어느 때보다 따뜻한 우정의 강물이 흐르고 있었다.

그로부터 삼십 년 후, 두 소녀는 서로가 어디에 사는지도 모르는 사이가 되었다. 한 소녀가 동창회 카페에 가입한 후에 친구들로부터 다른 소녀의 소식을 듣게 되었다.

"그 친구 갑상선암에 걸려서 투병 중이야, 다행히 수술은 잘 되었대. 생명에는 지장이 없다더라."

이제 다 큰 소녀는 그 말을 듣자, 심장이 덜컥 내려앉는 것이었다. 친구의 전화번호를 알 수 있었지만 끝내 그 번호를 누를 수가 없었다. 마치 자신이 죄인이 된 것 같았기 때문이다. 친구를 소홀히 해서 그렇게 된 것 같은 미안함이 그녀를 망설이게 만들었던 것이다.

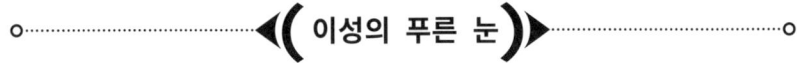

◀《 이성의 푸른 눈 》▶

무심한 이들은 말한다.

"여자들의 우정? 그것 별것 아니지. 결혼하면 다들 친구는 멀어지잖아."

여자들이 결혼하고 자식을 낳고 그러다 보면 친구들과는 조금 멀어지는 걸 부정할 수는 없다. 실제로 여자 친구들은 결혼 후에 관계가 조금 소원해지기도 한다. 남편과 아이들과 복닥거리면서 살다 보면 친구 생일 챙기는 것도 깜박 잊기도 한다. 어릴 적에는 친구가 이 세상에서 전부인 것 같았는데 어느 날, 문득 친구들을 생각해보면 아쉽고 그리운 것이 여자들이다. 하지만 여자의 우정에는 남자들의 우정과는 다른 그 무엇이 있다.

그것은 마음속 깊은 곳에 있는 애잔함이다. 다른 친구가 어떤 불행을 겪고 있다는 것을 알게 되면 여자들은 그 친구의 가족만큼 아니 그 이상도 슬퍼하는 존재들이다. 왜냐하면 여자에게 있어 친구란 자신이 그대로 투영된 존재이기 때문이다. 소심하고 순수하고 때론 엉뚱하고 귀엽고 사랑스럽던 친구의 모습은 바로 자기 자신의 모습이다. 그래서 친구란 존재는 삼십 년이 지나도, 사십 년이 지나도 눈시울이 붉혀지는 아련한 존재인 것이다. 아카시아꽃으로 팔찌를 만들어서 나눠 차던 소녀들은 지금도 그 시절의 그 친구를 그리워한다. 비록 자신은 지금 주방에서 설거지를 하고 있는 중년의 몸이어도 마음만은 기억 속 다정한 친구와 함께 아카시아꽃 흐드러진 5월의 어느 날 속을 총총히 거닐고 있다.

◀《 혼란의 붉은 혓바닥 》▶

　온 세상이 잿빛으로 물들어 있는 어느 늦은 오후의 길거리. 기어이 인생의 절반을 살아온 나는 금방이라도 비가 올 것 같은 잿빛 풍경 속에 부유하고 있다. 발가락을 잃어버린 동물처럼 권태롭게 존재한다. 모든 것이 잿빛이다. 도로 위에 주차된 자동차들도 잿빛 하늘에 압도당한 듯 납작하게 뭉개져 있다. 나는 늘 그랬듯이 한쪽 귀에 이어폰을 꽂고 음악을 들으면서 걷는다. 이 음악이 내게 안식이 되어주리라. 어떤 믿음 아닌 기대가 섞인 어리석은 행동일 것이다. 음악은 연인의 손가락처럼 날 부드럽게 애무해준다. 하늘은 여전히 잿빛으로 가득하고 가끔 바람이 분다. 그 바람에 가로수에 아슬아슬하게 매달려 있던 나뭇잎 한 장이 떨어진다. 잿빛 허공을 가르면서 내 발 앞에 떨어진 나뭇잎은 화석처럼 무미건조하다. 그 건조함에 나는 흠칫 발을 멈춘다. 나뭇잎은 바삭한 소리를 낼 것이라고 예상하면서 그걸 밟는다. 잔인하게 나는 그걸 짓밟는다. 예상은 빗나가지 않았다. 나뭇잎은 바사삭거리면서 가루가 되었다. 발라드 음악이 애절하게 귓속을 맴돈다. 널 잊을 수 없다는 가사가 가루가 되어 형체조차 알 수 없는 나뭇잎처럼 허무하다. 하늘은 여전히 잿빛인데, 나뭇잎은 신발 밑에 뭉개져 이미 사라졌는데, 음악은 귓속을 활보하는데, 난 이곳에서 지금 무엇을 그리워하는 걸까. 무엇을 이토록 갈구하기에 온몸이 굳어질 만큼 괴로워하는 걸까.

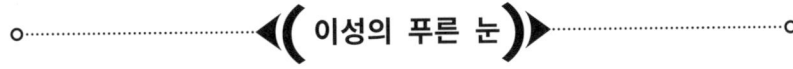

이성의 푸른 눈

"중전마마, 그렇게 하시면 아니 되옵니다."
"뭐라고? 이 고약한 것! 당장 저년을 하옥시켜라."
"네, 마마. 분부대로 시행하겠사옵니다."
지금으로부터 삼십여 년 전 초등학교 건물 옆에 있는 야외교실에서 우리는 드라마를 흉내내는 놀이를 하고 있었다. 그곳은 시멘트로 만들어진 책상과 의자가 있는 야외교실이다. 주변에는 수십 미터는 되어 보이는 활엽수들이 십여 그루 정도 있었다. 우리는 가끔 그렇게 시간이 나면 모여서 사극의 주인공이 되어보곤 했다. 친구들은 모두 새까맣게 햇볕에 그을린 얼굴이었지만 순수함이 가득했다. 서로의 어설픈 연기를 보면서 까르르 웃노라면 그렇게 즐거울 수가 없었다.

그럴 때면 하늘에서 나뭇잎이 눈송이처럼 흩날리곤 했다. 별 모양의 활엽수들은 그 크기가 우리의 얼굴만 했다. 팔랑거리면서 떨어져 내리는 나뭇잎을 보기 위해 우리는 시멘트 책상에 올라가 누워 있곤 했다. 그 모습은 평화와 고요, 적막과 고독, 사랑과 이별 등 이 세상의 수많은 가치를 내포한 것처럼 너무나 오묘했다.

"우리 어른이 되어서도 이렇게 순수할 수 있었으면 좋겠다."

어떤 친구가 그렇게 말했다. 우리는 아무런 대꾸도 하지 못했다. 어른이란 말이 주는 어감 때문이었다. 어른이란 것은 뭐든지 다 잘해낼 것 같지만 밤마다 남몰래 아파하는 존재라는 것을 이미 알고 있었던 것이다. 그래서 우리는 묵묵히 하늘에서 천사의 깃털처럼 떨어져 내리는 나뭇잎을 바라만 보았다.

방바닥의 한계

혼란의 붉은 혓바닥

"하하하, 호호호."

눈보라 치는 겨울날, 따뜻한 방바닥에 배를 깔고 누워 시시껄렁한 텔레비전 프로그램을 본다. 그러면서 맹목적으로 웃는다. 예능 프로그램에 나오는 웃음소리란 것은 시청자들의 웃음을 유발하기 위한 미끼와도 같은 것이지. 사전에 방청객들의 웃음소리를 녹음해서 적절한 포인트에 그걸 배치함으로써 시청자들의 웃음

욕구를 자극하는 일종의 속임수이기도 하지. 방바닥에 배를 깔고 누워서 웃기지도 않은 장면에 남들이 웃으니까 더불어 웃으면서도 이게 이 정도로 웃어야 하는 건가, 하는 의구심을 품는 사람들.

방바닥은 너무 뜨거워도 안 되고 너무 차가워도 안 된다니까. 너무 뜨거우면 잠을 제대로 잘 수가 없어. 우리 같은 방바닥 예찬론자들은 침대 생활을 싫어하는 사람들이거든. 잠을 자도 방바닥에 누워 자야 개운한 체질이라서. 그런데 겨울에 춥다고 보일러를 양껏 틀었다가는 너무 뜨거운 방바닥에 열화상을 입기도 하지. 자는 동안 자신도 모르게 살이 익는 것도 모르는 채 화상을 입지. 너무 차가우면 여자들에게 치명적이지. 남자들에게도 좋을 것은 없어. 그래서 방바닥은 적당한 온도를 유지해야 사랑받아. 그런데 모든 이들이 방바닥을 좋아하는 건 아니란 말이지. 의자나 소파, 침대 등에 의해서 요즘 방바닥은 꽤 소외받고 있거든.

◀《 이성의 푸른 눈 》▶

새엄마에게 학대를 받던 8살 아이가 방바닥에서 숨진 채 발견되었다. 발견 당시 아이의 온몸에는 푸른 멍이, 엑스레이 검사 결과 갈비뼈와 두개골 등에 골절의 흔적이 발견되었다. 차디찬 방바닥에서 아이는 겨우내 방치되다시피 했다. 개 사료보다 못한 과자 부스러기가 아이가 먹던 식사의 전부였으며, 방바닥 곳곳에는 아이의 핏자국들이 선명하게 남아 있었다. 그 방바닥에 깔린 장판은 아이의 친엄마가 이 집을 새로 사면서 직접 고른 장판이었다. 고급스러운 황토 재질의 장판을 고르면서 아이의 친엄마는 행복한 미래를 꿈꾸었다.

그러나 친엄마는 교통사고로 아이가 여섯 살이 되던 해에 숨을 거두고 말았다. 아빠는 엄마가 돌아가시고 1년도 지나지 않아 새엄마를 집으로 데리고 왔다.

"안녕하세요."

아이는 그래도 아빠랑 살게 될 그 사람에게 인사를 했다. 그러나 새엄마는 늘 싸늘한 시선으로 아이를 바라보았다. 한 번도 다정한 미소를 보여준 적이 없었다. 뿐만 아니라 아빠가 없는 시간에는 기다렸다는 듯이 욕설을 하고 때리곤 했다. 아이는 그럴 적마다 방바닥에 낄린 이불 속에 들어가 울었다. 엄마와 함께 서로 간지럼을 태우면서 까르르 웃던 그 방바닥에 안기면 엄마 품에 안긴 것 같아서 그나마 위로가 되었던 것이다. 방바닥은 그렇게 상처받은 아이를 묵묵히 안아주었다. 그러나 아이는 결국 죽었고, 방바닥은 아이의 주검을 그저 바라볼 수밖에 없었다. 그것은 방바닥의 한계였다.

제3장

이성과
혼란을
고뇌하다

***

현실에 만족하지 못하면서도 현실에 안주하는 것만큼 비겁한 일은 없을 듯하다. 적어도 내가 보는 입장에서는 그러하다. 자신이 다니는 직장이 자신을 비참하게 만들고 의기소침하게 만들고 불행을 초래한다면 굳이 꾸역꾸역 나갈 필요는 없지 않을까. 그렇지만 그렇게 쉽게 직장을 때려치울 수 없는 게 우리 시대 슬픈 직장인들의 자화상이다.

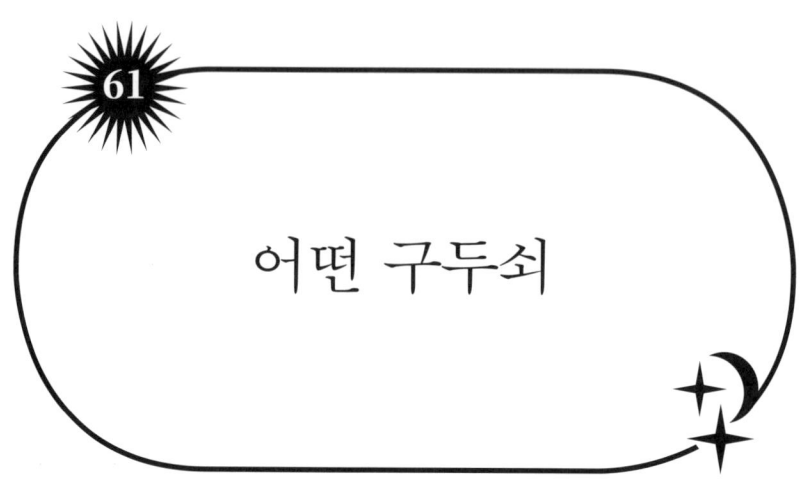

어떤 구두쇠

◀《 혼란의 붉은 혓바닥 》▶

낡은 영세 아파트에 홀로 사는 일흔일곱 할아버지 최씨, 그는 정말 못 말리는 구두쇠다. 누구라도 그 영감의 짠돌이 생활을 알게 된다면 기겁을 할 것이다.

"난 요강을 써요. 화장실 물도 아끼고 참 좋다니까."

요즘 세상에 요강이라니, 엄동설한에 도시가스값을 아낀다면서 단 한 번도 보일러를 틀지 않는다. 심지어 먹을 것을 아끼기 위해서 남들이 먹다 남은 음식으로 허기를 채운다. 그의 쇠고집을 말릴 사람은 아무도 없었다. 가족들은 원래 없고 주변 친구들은 그 영감의 쫀쫀함에 두 손 두 발 다 들고 말았던 것이다.

그러던 최 영감이 어느 날, 백만 원이나 되는 돈을 기부했다. 자신의 생활비를 아껴서 선뜻 어려운 이웃을 돕기로 한 최 영감, 구두쇠에 대한 나의 편견을 확, 깨버렸다. 자고로 구두쇠라 함은 투철한 절약 정신으로 아끼고 아껴서 모은 돈을 자기 자신과 가족을 위해 저금하거나 은닉해두는 사람이 아닌가. 절대로 그걸 다른 이들을 위해 아무런 대가 없이 내놓아서는 안 되는 것이 구두쇠다. 그건 구두쇠 간에 서로 불문율로 지켜지고 있는 관습 또는 약속인 것이다. 그런데 구두쇠라는 탈을 쓰고 어떻게 자신의 피 같은 돈을 아무런 대가 없이 자의로 내놓는단 말인가. 전국의 구두쇠들이 일면 땅을 치고 통곡할 노릇이다.

◀(이성의 푸른 눈)▶

꼬깃꼬깃한 천 원짜리를 모아서 기부를 한 쪽방촌 사람들의 이야기를 들으면서 몇몇의 사람들은 이렇게 생각한다.

'저렇게 가난한 사람들이 뭘 다른 사람들을 돕는다는 걸까? 자기 앞가림이나 하지.'

다른 사람을 위해 뭔가를 내놓는다는 것은 정말 어려운 일이다. 특히 돈을 내놓는다는 건 더욱 어려운 일이다. 그래서인지 사람들은 기부라는 것은 먼 훗날의 일이라고 생각한다.

"형편이 나아지면 봉사도 하고 기부도 할 예정이에요."

그런데 어떤 노인은 자기 자신의 목구멍에 풀칠하기도 힘든데 기부를 했다.

그 노인은 왜 그랬을까. 잠시 그 노인의 과거를 알아본다. 그 노인의 과거는 화려했다. 그는 중소기업의 사장이었고, 한때 서울에서도 몇 손가락 안에 꼽히는 사업가였다. 그런 그가 IMF로 인해서 사업에 실패하고 거지꼴이 되었다. 그의 가족들은 그를 떠났고 그는 늙고 병들고 말았다. 그는 암에 걸렸고, 수술비가 필요했으나 그에겐 돈이 없었다. 그의 사정을 딱히 여긴 이웃 주민들이 수술비를 십시일반 모으기 시작했다. 결국 그는 이웃 사람들의 도움으로 수술을 받고 건강을 되찾았다. 그는 결심했다.

"내가 받은 사랑을 돌려주어야겠다."

그래서 그는 방 안에 요강을 갖다 놓고 반찬 한 끼 제대로 사먹지 않고 그렇게도 독하게 돈을 모은 것이다. 어떤 구두쇠는 그렇게 우리에게 "진짜 절약"이란 무엇인지를 일깨워준다.

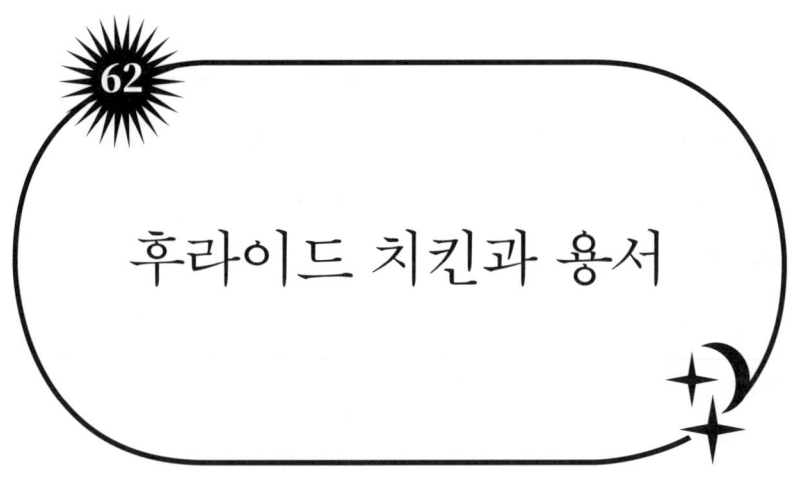

후라이드 치킨과 용서

◀《 혼란의 붉은 혓바닥 》▶

스무 살 청년은 서울 외곽에서 치킨 배달을 하고 있었다. 어느 날, 매우 분주한 시간에 전화가 한 통 걸려왔다. 으레 걸려오는 주문전화려니 하고 건성으로 받았다.

"저…… 후라이드 치킨 좀 갖다주세요."

그런데 전화 속 목소리는 초등학생의 목소리였고, 몹시도 망설이는 목소리였다. 이런 주문전화는 이례적인 것이었다. 더군다나

주문한 곳의 주소는 그 동네에서도 가장 후미지고 궁핍한 곳으로 건강한 남자도 밤길이 두려워지는 곳이었다. 왠지 찜찜한 마음이 들었지만, 의무적으로 치킨을 싣고 배달을 갔다.

"야, 이 새끼야, 너 미쳤냐. 먹고 살기도 힘든데 치킨을 배달시키다니. 니가 제정신이야?"

집 앞에 도착해서 벨을 누르려는데 집 안에서 남자의 고성이 들렸다. 아마도 아이의 아빠인 것 같았다. 뒤이어 아까 주문전화를 하던 어린 남자애의 울먹이는 목소리가 들렸다.

"아빠, 죄송해요. 그냥…… 너무 먹고 싶었어요. 제가 잘못했어요. 용서해주세요. 치킨이 너무 먹고 싶어서 그만 생각 없이 전화를 했어요."

청년은 그 소리를 듣고 차마 벨을 누르지 못했다. 가져온 치킨을 집 앞에 둔 채 문을 대충 두드리고 도망치듯 그곳을 빠져나왔다. 지금 누가 누구에게 잘못한 것일까. 저 어린 것이 후라이드 치킨 배달시킨 게 그렇게도 큰 죄인가. 청년은 오토바이를 세워두고 한참을 울었다. 그 아이는 마치 자신의 어린 시절 모습 같아서 더 눈물이 났다.

너무도 궁핍한 삶에 지친 아이의 아빠는 아들이 후라이드 치킨

을 제 맘대로 시킨 것에 화를 냈다. 그러나 사실 초등학생 어린 아들이 치킨을 시킨 것이 화가 난 것이 아니었다. 사실은 자기 자신의 못남이 화가 났던 것이다. 미안하다. 아빠는 그렇게 가슴으로 아들에게 사과를 했다. 그러나 현실은 아이를 향해 욕설을 퍼붓고 있는 못난 아빠다.

"아빠, 잘못했어요. 용서해주세요."

착한 아들 녀석은 아빠를 원망하지도 않고 제 잘못이란다. 도대체 뭘 잘못했다고 저렇게 쩔쩔매면서 내게 비는 걸까. 아빠는 그래도 치킨이 배달되고 나면 돈을 지불하고 아들에게 먹일 생각이었다.

문을 열어보니 치킨 상자만 덩그러니 있었다. 문을 두드리고 도망치듯이 달려가던 청년을 아빠는 어렴풋이 보았다. 오토바이를 세워두고 저 밀리서 울고 있는 청년도 아빠는 보았다. 그 자신도 예전에 저렇게 치킨 배달을 하면서 고단한 청춘의 터널을 통과해왔었다. 아들에게도, 저 청년에게도 자신은 정말 나쁜 사람이 되었다.

'어쩌다 내가 하나뿐인 아들에게 치킨 하나 마음껏 사주지 못하는 못난 아빠가 되었단 말인가.'

그때 어린 아들이 아빠의 옷자락을 잡아당겼다.

"아빠, 같이 치킨 드세요. 맛있어요."

아빠는 울지 않은 척 웃으면서 아들에게 이끌려 방 안으로 들어간다.

'미안하다. 아들아. 네가 잘못한 것 하나도 없단다. 너 좋아하는 후라이드 치킨도 마음껏 사주지 못하는 가난한 아빠를 용서하렴.'

검은 코뿔소의 뿔

◀《 혼란의 붉은 혓바닥 》▶

 전 세계적으로 멸종위기에 처한 동물 중에 검은 코뿔소가 있어. 수많은 밀렵꾼이 검은 코뿔소를 잡기 위해 혈안이 되어 있대. 왜냐고? 중국이나 동남아시아에서는 뿔을 정력제나 암 치료 등에 쓰기 위해서 비싼 값에 팔리고, 유럽에서는 박물관에서도 도난당하는 일이 생길 만큼 장신구로 많은 인기를 얻고 있기 때문이지. 생각해봐. 검은 코뿔소에게 뿔이 없다면 어땠을까. 그렇다면 어느 밀렵꾼도 검은 코뿔소를 잡겠다고 숲을 헤매지는 않겠지. 그럼 이름에서라도 뿔을 빼버리자. 검. 은. 코. 소, 검은 코를 가진 소? 그것 참, 뿔이란 한 글자를 뺐는데 매우 허무한 이름이 되어버렸다.

 아프리카에 약 4,000여 마리가 있다고 추정되는 가운데 현재까지 900마리가 밀렵으로 인해 희생당했대, 그럼 약 3,000여 마리가 살아있다는 것이네. 그것들을 보호하겠다고 미국의 어느 단체에서는 이런 기발한 아이디어를 내놓아서 난리가 났대. 검은 코뿔소를 보호하기 위한 기금을 마련하기 위해 검은 코뿔소를 사냥할 수 있는 권리를 판대나, 어쩐대나. 이게 말이 되는 말인지 나도 매우 혼란스럽다. 뿔 1kg의 가격이 자그만치 8천만 원이나 한대. 한 마리당 10kg이 나오니 검은 코뿔소 한 마리만 잡아도 10억을 벌 수 있겠지. 그래서 검은 코뿔소는 지금도 밀렵꾼들에게 최고의 사냥감으로 낙인찍힌 것이겠지. 그놈의 뿔 때문에 말이야.

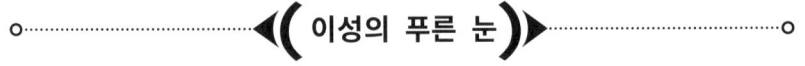
◀◀ 이성의 푸른 눈 ▶▶

 검은 코뿔소에게만 뿔이 있는 건 아니다. 인간에게도 뿔이 하나씩 내장되어 있다. 인간의 뿔은 그것을 볼 수 있는 사람들은 누가 어떤 뿔을 가지고 있는지 매우 잘 보이게 되어 있다. 뿔 가격도 천차만별이다. 검은 코뿔소처럼 10억이 넘는 고가의 뿔을 가진 사람도 있고, 거저 줘도 안 가져갈 엉터리 뿔을 달고 다니는 사람도 있다. 그래서 뿔이 값비싸 보이는 사람 주변에는 그것을 노리는 야심가들이 득실거리게 된다.

　뿔의 정체는 무엇일까. 바로 한 사람이 가지고 있는 재물의 척도다. 무형, 유형의 재물을 가진 사람에게는 똥파리들이 똥 냄새를 맡고 모여들듯 많은 사람이 꼬인다. 그런데 이 뿔은 한 번 잘려지면 자라기가 매우 어려운 것이다. 검은 코뿔소처럼 잘리고 난 후에는 처참하게 버려지고 마는 것이다. 그래서 뿔을 가지고 있는 사람들은 몸가짐을 바르게 해야만 하는 것이다. 로또 복권에 당첨된 사람 중에 17억 원이란 돈을 단 몇 달 만에 날리고 당첨 전보다 더 불행해진 사람이 있다는 건 다 아는 사실이다. 그는 자신의 뿔 관리를 잘하지 못한 것이다. 밀렵꾼들이 자신을 노리고 있었다는 것을 모른 채 뿔 자랑을 하면서 다닌 것이 화근이었다.

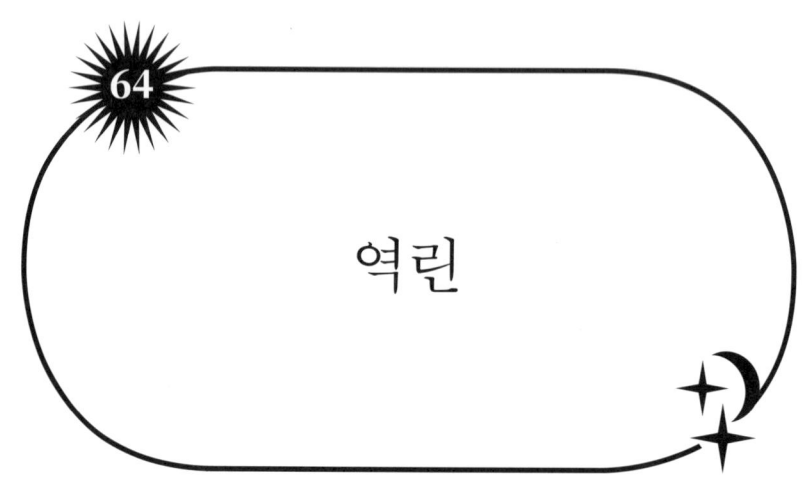

역린

◀《 혼란의 붉은 헛바닥 》▶

 용의 몸에 붙어 있다는 단 한 개의 비늘, 81개나 되는 비늘 가운데 유독 이 비늘만은 절대 건드려서는 안 된다고 해. 그걸 건드리면 용이 미쳐 날뛰게 된단다. 역린, 용 녀석은 꽤 예민한 녀석인가 보다. 하필 거꾸로 붙어 있는 그 비늘 한 개에만 유독 날카롭게 반응하는 걸 보면 말이야. 그런데 진짜 용을 본 사람이 있기나 한 걸까, 난 그것이 궁금하단 말이야. 옛 어른들이 바다에서 거대한 용이 하늘로 올라가는 걸 보았다는 목격담을 들려주시기도 했지만 그건 현대과학에서 밝혀진 바에 의하면 일종의 토네이도가 바다에서 생긴 현상이라고 하더군. 그렇다면 용이란 것이 실존하는 것인지 아닌지도 불확실하단 말이잖아.

흠. 그래. 만약에 용이 허구의 것이라고 치자. 그래도 용을 완전히 가짜, 라고 말하고 싶은 사람은 별로 없더라. 왜냐하면 용은 인간의 판타지를 만족시켜 주기 때문이지. 환상 속의 용, 멋있잖아. 이 세상을 초월해 천상으로 날아오르는 거대한 용을 생각만 해도 불끈 기운이 솟으니, 지금까지 용이란 말이 사라지지 않는 게지. 그런데 그 웅대한 용이 겨우 비늘 하나 때문에 체통을 잃고 날뛰게 된다니, 참 우습지 않아? 용에게도 그런 약점이 있다니 매우 재미있는 일이야. 비단 용만 그럴까? 인간에게는 역린이 없는 길까?

이성의 푸른 눈

몸무게 80kg의 B양은 항상 80이라는 숫자가 신경 쓰인다. 패스트 푸드 가게 앞을 지나가는데 80주년 기념으로 할인행사를 한다는 현수막이 걸려 있어서 그것을 찢어버리고 싶기도 했다.

"너무 신경 쓰는 거 아니야? 요즘엔 통통한 여자가 더 인기 있어. 그 정도면 보기 좋은 거야."

이런 친구들의 말은 그녀에게 이렇게 해석되어 들렸다.

"야, 이 돼지야. 빨리 살 빼! 이런 말 하는 것도 지친다, 지쳐. 80kg이 어디 사람 몸무게냐? 상 돼지지."

그녀는 친구들이 속으로 그렇게 말하고 있다는 걸 이미 눈치채고 있었다.

키가 168인 J군은 항상 68이라는 숫자가 신경 쓰인다. 68만 원 하는 휴대폰과 90만 원 하는 휴대폰이 있었는데 68이라는 숫자가 싫어서 90만 원짜리 휴대폰을 샀던 그다. 누군가 키 이야기만 하면 신경이 곤두선다. 아무도 뭐라고 하는 사람이 없어도 자신의 키가 자꾸만 의식되는 것도 사실이다. 다른 건 다 자신 있다. 재력이나 능력이나. 그런데 자꾸만 키 앞에서는 자신감을 잃어가는 자신을 발견한다. 그런 어느 날, B양과 J군이 소개팅을 하게 되었다. 두 사람은 서로의 몸무게에 대하여, 서로의 키에 대하여 절대 말하지 않았다. 그것이 얼마나 상대방에게 아픈 가시인지를 너무나 잘 알고 있었기 때문이다.

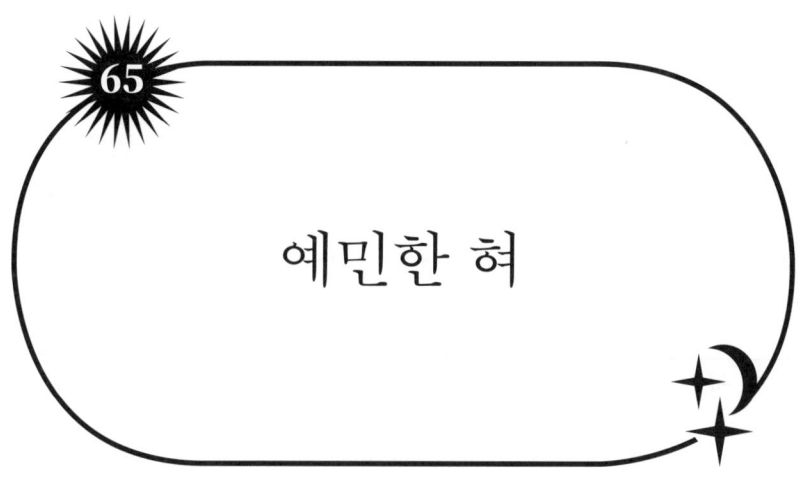

혼란의 붉은 혓바닥

된장국에서 시궁창 맛이 난다. 미역국에서는 짭조름한 지린 맛이 난다. 치매에 걸린 팔십 노파가 아들, 며느리 몰래 방바닥에 지려놓은 따끈한 오줌 맛이 난다. 갓 담은 배추김치에서 변두리 뒷골목에 누군가 술 취해서 토해놓은 토사물 맛이 난다. 폐혈관이 얼어붙을 것 같은 12월의 새벽 2시, 주변에 아무도 없는지 확인한 후에 쓰레기통 옆에 질펀하게 토해놓은 음식물의 아련한 맛, 기껏 끓여놓은 라면에서 허연 비듬 맛이 난다. 세상에 이런 맛도 있었나 싶게 너무나 예민한 혀.

한 번도 내 혀에 대해서 불만을 품은 적은 없었다. 그렇지만 언젠가부터 음식에서 또 다른 음식 맛을 느끼는 혀가 불안해졌다. 아니, 불편해졌다. 무엇이 내 혀를 이토록 예민한 존재로 탈바꿈시켰을까. 영등포 지하상가 중에서도 가장 비좁은 어느 분식집 의자에 옹색하게 앉아 컵라면을 먹던 내가 보인다. 육○○ 컵라면, 지금도 마트에서 나와 눈이 마주치면 겸연쩍게 웃는 동그란 얼굴의 녀석. 배가 고파서 어쩔 수 없이 스티로폼이 우러났을 시뻘건 국물까지 들이켜던 열여덟 소녀의 입안에서 어쩔 수 없이 무수히 라면을 맛봐야 했던 나의 혀. 내 혀는 그때부터 예민해지기 시작했던 것일까.

◀《 이성의 푸른 눈 》▶

아버지를 살해한 아들은 기자들의 질문 공세에 아무런 말도 하지 않고 고개만 푹 숙인 채 현장검증에 나섰다. 아버지와 단둘이 살던 고교생 소년은 어느 날, 갑자기 아버지를 죽였다. 단순 살인인 줄 알았던 이 사건은 아버지의 지속적인 학대가 드러남으로써 새로운 국면을 맞이하게 되었다. 아내와 이혼 후 혼자 아들을 키우던 아버지는 사사건건 트집을 잡아 아들을 학대해왔던 것이다.

20년의 징역형을 선고받고 복역한 아들이 사회에 나오게 되었다.

아들은 자신의 혀가 굉장히 예민해진 것을 느끼게 되었다. 달콤한 사탕 맛은 쓰디쓰기만 했고 고소한 참기름 맛은 역겨운 비린내가 느껴졌다. 그는 자신의 혀가 언제부터 이렇게 되었는지에 대해 스스로 생각해봤다. 언젠가 아버지가 모처럼 다정하게 그를 식탁에 불렀던 기억이 났다.

"이것 먹어봐라, 아버지가 매운탕 끓였다. 어서 먹어봐."

매운 것을 잘 못 먹던 그가 머뭇거리자 아버지의 분노에 찬 목소리와 밥그릇이 날아왔다.

"괘씸한 놈, 날 무시하는 거냐? 처먹으라고!"

이날 이후로 그는 매운탕 맛을 느낄 수가 없었다. 매운탕을 먹으면 달콤한 케이크 맛이 났고, 케이크를 먹으면 시큼한 식초 맛이 났다. 그때부터 그의 혀는 예민해시고 말았던 것이나.

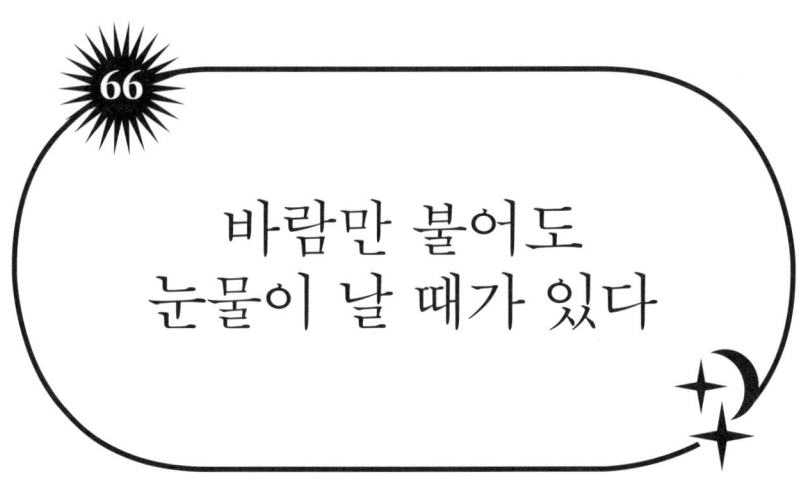

바람만 불어도
눈물이 날 때가 있다

◀◀ 혼란의 붉은 헛바닥 ▶▶

 누가 건드리지 않았는데도 눈물이 난다. 누가 때리지도 않았는데도 아프다. 누가 놀리지 않았는데도 자꾸만 움츠러든다. 누가 "너 정말 바보 같구나!"라고 손가락질하지 않았는데도 자신이 이렇게도 초라하게 여겨진다. 어떨 때는 정말 왜 이렇게 살아가고 있는가, 라는 회의에 사로잡히기도 한다. 그것이 우리들이고 인간 본연의 모습이다. 겉으로는 뭐든지 척척 잘해내는 것 같은 사람들. 아무렇지 않게 일하고 교제하고 휴식을 취하는 사람들. 하지만 그건 어디까지나 속임수다.

　대중을 속이는 건 쉽다. 스스로를 속이는 것보다 어쩌면 다른 사람을 속이고, 한 사람을 속이는 것보다 차라리 여러 사람을 속이는 것이 더 쉽다. 특히 슬픈데 슬프지 않은 척하는 건 요즘 현대인들에게는 식은 죽 먹기다. 만약 슬픔을 고스란히 노출시키면 '약한 자'로 낙인찍히기 쉽다. 자주 눈물을 보이거나 자주 유약해진 모습을 보이면 못된 승냥이들의 먹이로 전락하기가 쉬운 것이다. 그런데 말이야, 우리 솔직해지자. 바람만 불어도 눈물이 날 때가 있지? 누가 가슴 아픈 말 하지 않았는데도 가슴 한쪽이 무너져 내리고 쓰라려서 참을 수 없을 때가 있지?

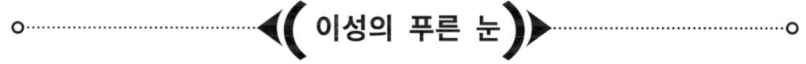

　마흔일곱의 최 모 여인은 지금 갱년기다. 얼마 전부터 생리가 끊겼던 것이다. 설마 벌써 이런 일이 벌어지리라고는 상상조차 하지 않았다. 자신의 어머니나 언니들은 오십이 넘어서까지 생리를 했던 것이다. 그런데 그녀만 가족 중 유일하게 사십 대에 "석녀"가 되고 말았다. 석녀란 그녀 스스로 자신에게 붙인 별명이다. 자신은 이제 석녀라고 생각했다. 여자로서의 삶에 종지부를 찍었다고 생각한 것이다. 그래서인지 요즘 자꾸만 기운이 없다. 그리고 웃고 있을 때도 눈물이 난다. 남편에게는 차마 말하지 못하는 이 고통을 가끔은 한 잔 술로 달래보기도 한다. 그러나 바람만 불어도 눈물이 나는 것은 그녀로서는 어쩔 수 없다.

마흔일곱의 김 사장은 몇 년 동안 고민하다가 얼마 전 아무도 모르게 비뇨기과를 찾았다.

"죄송합니다. 이런 경우는 수술을 해도 약을 먹어도 별 소용이 없겠네요."

의사는 그에게 사형선고나 다름없는 말을 했다. 이제는 남자 구실도 못하는 처지가 되었다. 의사가 잔인하게도 확인 사살을 해준 격이다. 병원에 가지 않았을 때도 자신의 남성성이 사라지고 있다는 걸 이미 알고 있던 그였다. 그러나 막상 그 말을 들으니 하늘이 노랗게 보이는 것이었다. 그날 이후, 아내 몰래 혼자 화장실에서 많이 울었다. 바람만 불어도 눈물이 나는 것을 그로서는 어쩔 수 없다.

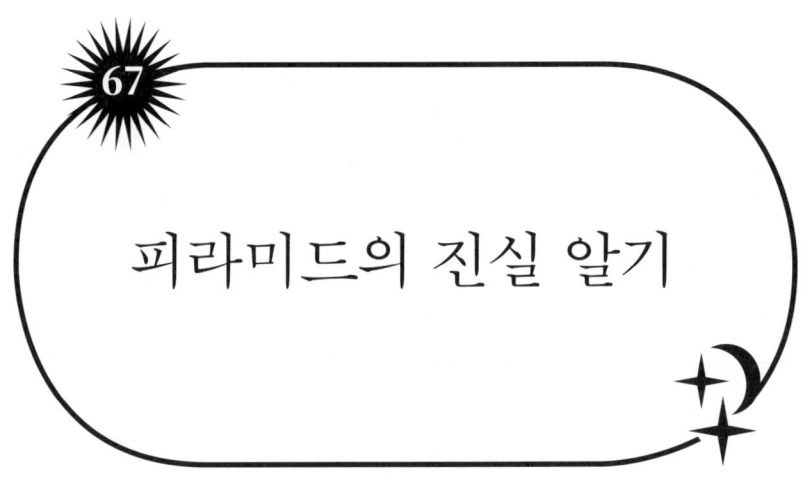

피라미드의 진실 알기

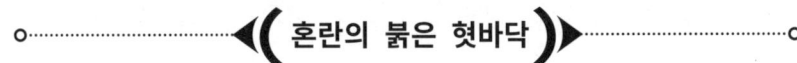

◀《 혼란의 붉은 혓바닥 》▶

    피라미드에 관한 생소한 사진 한 장이 이슈가 되었다. 해외의 어느 네티즌이 찍어 올린 사진에는 피라미드 옆에 복잡한 도심지가 형성되어 있었던 것이다. 우리가 기존에 영화나 사진 등에서 보아온 피라미드와는 완전히 다른 모습에 많은 이들이 놀라워했다. 물론 나도 놀라워했다.
    "어머나! 세상에. 피라미드 옆에 도시가 있네!"

피라미드 하면 자고로 황량한 모래사막 가운데 덩그러니 놓여 있어야 하는 것이 아닌가. 마치 수천 년 동안 아무도 찾아오지 않았던 곳처럼 외딴 곳에 있어야 하는 것이 아닌가. 왜 그렇게 생각하게 되었는지에 대해서는 단 한 번도 의문을 제기해본 적이 없었다.

가만히 생각해보니 피라미드가 황량한 사막 한가운데 꼭 있으란 법은 없다. 피라미드가 대도시 한복판에 있다고 해서 안 될 일은 없는 것이다. 다만 우리는 그렇게 세뇌되어 온 것뿐이다. 어쩌다 영화 속에서 피라미드를 봤는데 그곳은 사막 한가운데였고, 어쩌다 책을 봤는데 책 속의 피라미드가 사막 한가운데 있었다. 영화관계자나 책 속의 사진을 찍은 작가가 의도한 바는 명확하다. 그들은 피라미드가 사막 한복판에 있으므로 인해서 좀 더 신비롭고 장엄한 장면을 연출해야 했던 것이다. 우리가 지금껏 모르던 피라미드의 진실을 알게 된다고 해서 뭐 바뀔 것은 없다. 피라미드는 그냥 거기에 있을 것이다. 솔직히 피라미드가 사막에 있든 동네 놀이터 앞에 있든 우리들과 무슨 상관이 있겠는가.

◀《 이성의 푸른 눈 》▶

어떤 계기로 우리는 인생에서 피라미드를 재발견하게 된다. 사막 한가운데 있는 줄 알았던 피라미드가 알고 보니 번잡한 대도시

옆에 떡하니 있는 것처럼 어떤 사람이나 상황에 대한 극적인 발견을 하게 되는 것이다. 30년을 같이 살아온 남편이 알고 보니 다른 여인을 가슴에 품고 있었다거나 절대로 행복할 수 없을 것 같던 환경에서 진정한 행복을 발견하게 되는 경우 등이다. '삶의 피라미드들'은 그렇게 제 모습을 감춘 채 사람들 곁에 살아 숨쉬고 있다. 가족이나 친구들도 피라미드고 때론 거지 같은 환경도 피라미드라고 할 수 있다. 부모에 대한 왜곡된 분노를 지니게 되는 것은 부모라는 피라미드에 대한 재발견을 하지 못했기 때문이다. 환경에 대한 분노 혹은 무력감을 느끼는 것 역시도 환경이라는 피라미드에 대한 재발견을 하지 못해서이다.

자신에게 주어진 인생의 피라미드를 있는 그대로만 본다는 건 미성숙한 자의 행동이다. 나이에 맞게 성숙한 인간이라면 살아가면서 만나게 되는 피라미드들의 숨겨진 면을 볼 수 있어야 한다. 피라미드의 진실을 밝혀내기 위해서는 그것에 대한 가식 없는 사랑을 지녀야 한다. 부모라는 피라미드, 자식이라는 피라미드, 친구라는 피라미드, 자신의 일이라는 피라미드. 그 모든 피라미드를 먼저 뜨겁게 사랑하고 열정을 불사른 후에야 비로소 그들이 지닌 내면의 슬픔, 말 못한 이야기들, 진실한 꿈 등을 알 수 있기 때문이다.

먼지를 털다

혼란의 붉은 혓바닥

싼값에 산 장롱이 문제를 일으킨 것은 꽤 오래되었다. 겉보기에는 그럴듯한 모습의 장롱은 3년이 지나지 않아서 조금씩 어긋나기 시작한 것이다. 칠이 벗겨지기 시작하는 것은 소소한 문제에 불과하다. 몇 달 전부터는 옷을 넣어둔 서랍 부분이 푹 내려앉는 현상이 생기기 시작했다. 그래도 몇 번은 끼워 맞춰서 썼다. 그런데 오늘 밤, 드디어 장롱이 폭삭 내려앉고 말았다. 이건 다시 끼워 맞출 수도 없는 지경이다. 서랍을 빼보니 바퀴가 달린 부분이 몸통에서 이탈된 것이 보였다.

혼자 있을 때 벌어진 이 대참사에 나는 잠시 망연자실했다. 그러나 O형의 혈액을 지닌 나는 매사에 적극적인 면이 있다. 잠시 심호흡을 한 후에 옷가지들을 전부 꺼내기 시작했다. 반팔, 긴팔, 반바지, 긴바지, 양말, 속옷 등등. 오래된 그래서 사라진 줄 알았던 옷들도 기어 나오기 시작하는 것이었다. 하얀 먼지를 흠뻑 뒤집어쓴 옷가지들이 방 한가운데 수북하게 쌓였다. 나는 침착하게 장롱을 수리했다. 나사를 맞춰서 끼우고 드라이버로 꽉 잠갔다. 그렇게 몇 번 하자 서랍은 제 모습을 되찾았다. 그런데 문제는 먼지였다. 하얗게 옷에 달라붙은 그것들을 털어내느라 나는 장롱을 수리하는 것보다 더 인상을 쓰고 말았던 것이다.

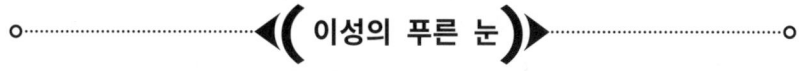

이성의 푸른 눈

포장마차의 간이의자에 엉덩이를 붙인 쉰 살의 그는 어깨를 움츠리고 연신 소주잔을 기울이고 있었다. 아무도 그에게 말을 걸지 않았다. 주인도 그에게 홍합국물과 곱창볶음을 내밀어주기만 할 뿐 말을 시키지 않았다. 그는 이 포장마차의 단골이다. 그가 무슨 안주를 좋아하는지, 주량은 얼마나 되는지 포장마차 주인은 훤히 꿰뚫고 있는 것이다. 그가 오늘은 얼마나 마실 것인지도 예상

할 수 있었다. 길 건너에 있는 회사에 다니고 있는 그는 늘 우울한 표정이었다. 그의 머리와 어깨에는 늘 하얀 먼지가 달라붙어 있었다. 그의 회사는 봉제인형을 만드는 곳이었는데 그는 그곳에서 재단사로 근무하고 있는 중이다.

그래서인지 그의 어깨며 머리카락에는 하얀 먼지가 늘 붙어 있었다. 오늘 그가 이렇게 또 포장마차에 앉아 뜨끈한 홍합국물에 소주를 마시고 있는 것은 하나도 이상한 일이 아니었다. 적어도 포장마차 주인과 그에게는 일상의 하나일 뿐이었다.

"아이는 괜찮은가?"

소주병을 두 개 비우고 나서 그가 얼큰하게 취하자 포장마차 주인이 물었다. 그의 중학생 딸이 백혈병에 걸려서 투병 중이라는 걸 알고 있기 때문이다.

"그저 그렇죠, 뭐. 오늘도 무사히 넘겨주기만 바랄 뿐이죠."

그의 목소리가 술잔에 담긴 술보다 더 투명하다. 아무런 기대나 희망도 없어 보이는 말투. 그가 마침내 자리에서 일어난다. 그리고 머리와 어깨에 붙은 먼지를 턴다. 마치 삶의 버거운 찌꺼기들을 털어내듯이 오래도록 그걸 털어낸다.

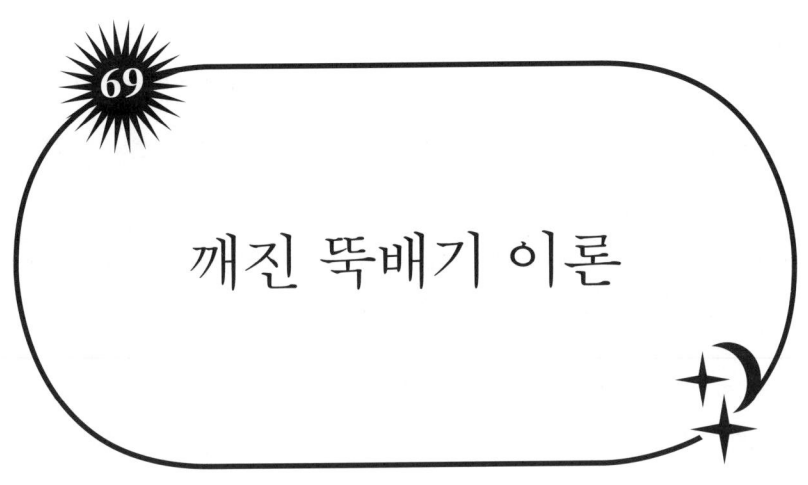

깨진 뚝배기 이론

◀◀(혼란의 붉은 혓바닥)▶▶

'사소한 무질서를 방치하게 되면 큰 문제로 번지게 된다.'는 깨진 유리창 이론이 있더라. 그 이론을 만든 사람은 미국의 범죄학자인 제임스 윌슨과 조지 켈링이란 사람이야. 참 대단한 사람들이군. 별 희한한 이론을 다 알아내고 말이야. 어느 곳에 깨진 유리창을 방치해두면 그 지점을 중심으로 범죄 사건이 점점 더 많이 생긴다는 이론이지. 그런데 이 이론이 정말 맞는 걸까. 의구심을 가져본다. 가끔은 누군가가 확고하게 맞다, 하는 말도 되짚어보면 틀린 경우가 있거든. 깨진 유리창을 방치한다고 해서 반드시 범죄가 발생한다고는 할 수 없어. 그렇지 않아?

하지만 제임스 윌슨과 조지 켈링에 의하면 깨진 유리창을 방치하게 되면 큰 문제가 될 수 있다는 말이지. 실제로 뉴욕에서는 낙서를 방치해두었을 때와 낙서와의 전쟁을 펼쳐서 그것들을 모두 없앴을 때의 범죄율이 확실히 다르게 나왔지. 그런 것을 보면 두 사람의 말이 맞는 거 같기도 하군. 그렇다면 깨진 유리창에만 이론이 있는 걸까. 조금만 더 생각을 확장시켜 보니 깨진 뚝배기 이론도 있을 것 같은데. 친구 아버지는 밥을 먹다가 밥상을 잘 엎으셨대. 하필 그럴 때마다 상 위에는 뚝배기 그릇이 있었대.

"이놈의 집구석을 그냥 확!"

아빠가 그렇게 밥상을 들어 엎을 때마다 친구는 깨진 뚝배기를 보면서 무슨 생각을 했을까. 또한 그 뚝배기가 가정과 사회에 미치는 영향은? 난 뜬금없이 그것이 알고 싶다.

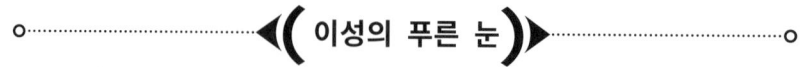

이성의 푸른 눈

나영이 아빠는 특별한 취미를 지녔다. 그것은 심심하면 밥상을 뒤집어엎는 것이었다. 얼마나 자주 그랬냐 하면 일주일에 두 번 이상은 밥상을 방바닥에 패대기치곤 했다. 그럴 때마다 하필 밥상

위에는 된장찌개나 김치찌개가 있었다. 두껍고 진한 검은색의 뚝배기는 아빠의 현란한 손놀림에 의해 밥상과 함께 바닥에 고꾸라지곤 했다.

"야, 니가 바깥에서 서방질하고 다니는 거 내가 모를 줄 알아?"

밤새도록 전자부품 공장에서 야근하고 파김치가 되어 돌아온 아내에게 나영이 아빠는 그런 소리를 지르며 상을 뒤집어엎었다.

소주 세 병을 거뜬히 마신 나영이 아빠는 이미 제정신이 아니었다. 밥상을 엎고 가족들에게 호기를 부린 후에 그대로 방바닥에 고꾸라져 잤다. 그럴 때마다 엄마는 조용히 작은 방으로 가셨다. 그리고 빗자루를 들고 와서 깨진 뚝배기 파편들을 묵묵히 쓸어 담았다.

"나영아, 조심해라 뚝배기 깨진 것에 발 다칠라."

깨진 뚝배기를 볼 때마다 나영이는 자신의 가슴속에서 수많은 뚝배기가 와장창 깨지는 걸 느꼈다. 아빠라는 뚝배기, 남자라는 뚝배기, 한 집안의 가장이라는 뚝배기. '사소한 트집이 뚝배기와 가족을 동시에 깨트린다.'[깨진 뚝배기 이론]는 그렇게 나영이의 가슴속에서 차근차근 정립되어 가고 있었다.

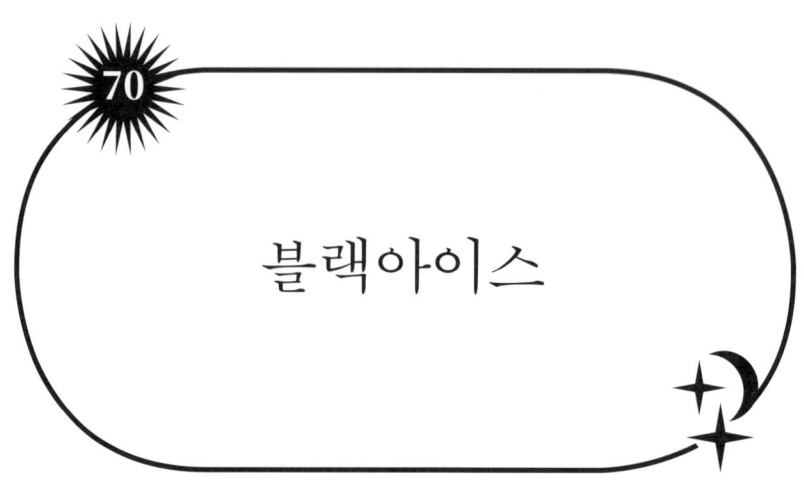

혼란의 붉은 혓바닥

경부고속도로에서 5중 추돌 사고가 났대. 그 원인을 밝혀보니 바로 '블랙아이스'라는 것 때문이었어. 그 사고로 많은 사람이 다치고 그로 인한 교통 마비로 고속도로를 달리던 운전자들이 큰 불편을 겪었지. 블랙아이스란 겨울철에 도로 위에 끼는 살얼음이야. 그것은 눈에 잘 띄지 않아서 교통사고의 주범이 된 거지. 은밀하게 도로 위에 매복해 있다가 순진한 운전자를 위험한 사고로 이끄는 것이 바로 블랙아이스야. 근데 세상에는 블랙아이스 같은 인간들이 많단 말이야. 한마디로 이곳저곳에 매복해 있는 인간 살얼음들이지.

이 인간 살얼음을 발견한다는 건 매우 힘겨운 일이야. 왜냐하면 그들은 도로 위의 블랙아이스처럼 매우 은밀하고 조심스럽게 숨어 있거든. 평상시에는 아주 신사적이고 예절 바른 사람이 알고 보니 성폭행범이었다거나 사회적으로 존경받는 인사가 속으로는 불법도박을 일삼는 자였다는 뉴스를 많이 봤을 거야. 그 사람들이 이 사회에 숨어 있던 블랙아이스인 셈이지. 사회의 암적인 존재이면서 사람들에게 큰 상처를 줄 수 있는 위험인자들이지. 그들을 조심해야 해. 블랙아이스는 겨울철 도로 위에만 있는 게 아니야. 바로 우리 곁에도 꽤 있단다.

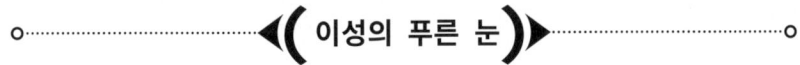

이성의 푸른 눈

K양은 너무나 순진했다. 그 남자가 자신을 사랑한다고 말하면 그것이 그의 진심인 것을 전혀 의심치 않았다.

"사랑해, 자기야. 오늘은 자기랑 같이 있고 싶다."

그러면 그렇게 해주었다.

"사랑해, 자기야. 나 사업자금으로 천만 원이 필요한데 좀 빌려줄래?"

이러면 적금통장을 깨서 그에게 돈을 주었다. 사랑한다는 말을 하면 K양은 뭐든지 그에게 주었던 것이다. 그녀는 태어나서 그런 말을 들은 적이 없었기 때문이다. 엄마와 아빠는 이혼하시고 각자 재혼했고, 그녀는 아빠 집에서 새엄마랑 같이 살다가 집을 나와 혼자 살고 있었다. 그러므로 그녀에게 사랑한다고 말해주는 그 남자는 이 세상에서 가장 좋은 사람이었던 것이다.

그러나 남자는 K양을 결국 버리고 도망가 버리고 말았다. 한 번도 의심하지 않았던 사람의 배신에 그녀는 결국 자살 시도를 했다. 그렇지만 극적으로 목숨은 구하게 되었다. 이제 그녀는 사랑 따위에 마음을 주지 않기로 결심했다. 그녀는 어쩌면 인생이라는 도로 위에 숨어 있던 블랙아이스를 만났던 것은 아닐까. K양은 이제 누군가를 만나게 될 때 결코 쉽게 마음을 열 수 없을 것이다. 겨울철 도로 위에 숨어 있는 블랙아이스를 조심하는 운전자처럼 그녀는 자신의 삶에 또다시 나타날지 모를 살얼음들을 조심해야 하기 때문이다.

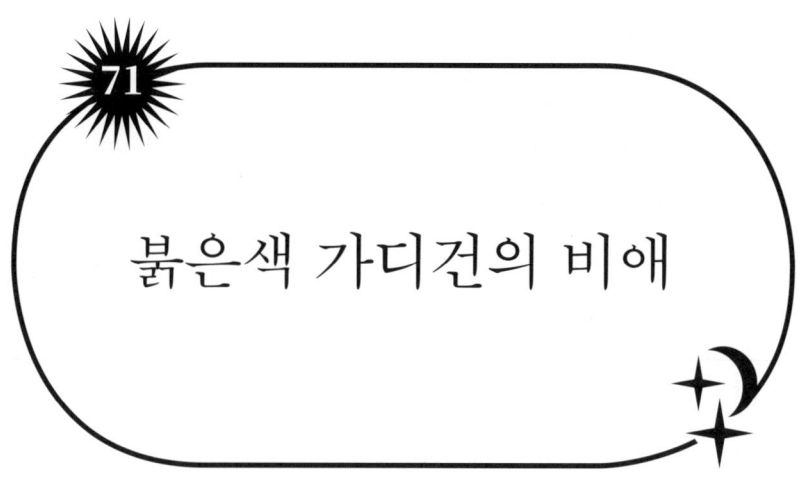

붉은색 가디건의 비애

◀《 혼란의 붉은 혓바닥 》▶

 십 년은 족히 입은 붉은색 가디건의 소매 부분이 심하게 늘어졌다. 처음보다 족히 두 배는 넘게 늘어난 옷. 이건 뭐 거의 고무줄 수준이다. 손가락으로 늘리면 고무줄처럼 늘어난다. 그런데 고무줄과 다른 점이 있다. 그것은 탄력이다. 고무줄이 탱탱하게 다시 원위치로 돌아간다면 내 붉은색 가디건의 소매는 늘어진 채로 그렇게 한참을 있다가 서서히 원위치로 돌아간다. 오늘 아침 나는 문득 생각했다.

'이젠 이 옷을 버려야 하는 건가?'

가디건이 처음부터 이랬던 건 아니다. 처음에 샀을 때는 정말 세상 어디에도 없을 아름다운 붉은색 옷이었다. 화사하고 예쁜 붉은색 가디건은 내가 우울할 때 즐겨 입는 옷이기도 했다. 물론 늘어지는 현상도 발생하지 않았다. 그런데 왜 이렇게 된 걸까. 누가 이 가디건의 탄력과 젊음을 앗아간 것일까. 바로 나인 것을 부정할 수 없다. 십여 년 동안 나와 함께 뒹굴고 살다 보니 이 모양 이 꼴로 변하고 만 것이다. 붉은색 가디건이 더 이상 붉은색 가디건이 아니게 되었다. 붉은색이 빛바래 주황색 가디건이 되어가는 중이기 때문이다. 늘어지고 색 바랜 붉은색 가디건은 비애에 젖어 있다. 아무도 자신을 더 이상 책임져 주지 않을 것이라는 불안감을 가지고 떨고 있다.

◀◀ 이성의 푸른 눈 ▶▶

마을 입구에 오백 년 된 은행나무가 있는 이 마을에는 할머니 두 분이 외롭게 살고 있다. 한 할머니의 댁호는 강원댁, 강원도에서 시집온 그녀는 이 마을에 시집와서 오십 년 넘게 살고 있다. 남편은 이십 년 전에 죽었다. 자식들은 서울에서 모두 잘 살고 있다. 강원댁의 얼굴에는 수천 개의 주름이 있다. 누군가 일일이 주름의 개수를 세어본다면 수천 개가 넘는 주름살을 보고 놀라지 않을 수 없을 것이다.

"나도 이제 갈 때가 됐지."

자신보다 열두 살 어린 포천댁에게 강원댁 할머니는 그렇게 말하곤 했다.

물론 처음부터 이렇게 강원댁이 주름투성이 꼬부랑 할머니였던 건 아니다. 그녀가 이 마을에 처음 시집올 때 그 미모가 눈부셔서 동네 총각들이 밤잠을 설칠 정도였다. 그 당시에는 마을에 수백여 가구가 살았었다. 그러나 술주정뱅이 남편과 까다로운 시부모를 모시고 농사일 하면서 여섯 명의 자식을 기르다 보니 허리는 꼬부라지고 얼굴엔 수천 개의 주름살이 생기고 만 것이다. 이제 그녀의 탄력 있던 하얀 피부는 그 어디에서도 찾아볼 수도 없다. 쭈글쭈글한 검은 피부와 골나공증에 걸린 늙은 뼈만 있을 뿐이있다. 늙은 그녀를 보고 설레는 남자도 물론 없을 것이다. 한때는 그 마을을 밝히던 미모였던 강원댁은 더 이상 없다.

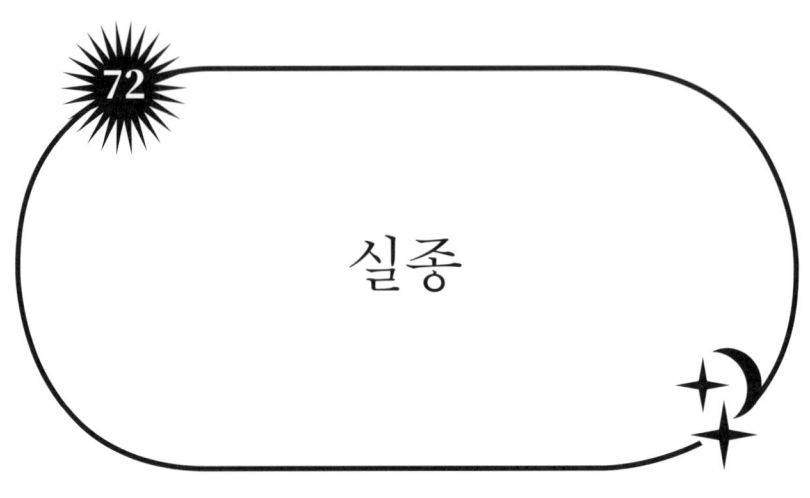

혼란의 붉은 혓바닥

 당시 고2였던 열여덟 A양이 실종된 사건은 아무도 예측하지 못한 일이었대. 그 마을에서 그런 흉악한 사건이 일어난 적은 없었거든. 그녀가 살던 곳은 경기도의 외진 마을. 늦은 밤까지 공부하고 밤 11시가 다 되어서야 집에 오는 버스에 탔었지. 버스에는 A양과 30대 초반의 젊은 남자, 그리고 버스 기사가 타고 있었어. A양이 목적지에 내리자 30대 초반의 남자도 따라서 내렸대. 그것이 A양이 목격된 마지막 모습이었다는군. 그럼 그 후에 A양은 어디로 사라진 걸까. 30대 초반의 남자가 범인일까? 그냥 우연히 같이 내린 것일까.

군경을 동원한 대규모 수색작업에도 불구하고 A양을 찾을 수는 없었어. 전국적으로 실종 전단지를 배포했지만 10여 년이 흐른 지금에도 그녀가 어디에 있는지 찾을 수가 없는 중이지. 그녀는 실종상태인 거지. 스물여덟 살이 되었을 그녀는 지금 어디에서 무엇을 하고 있을까. 그녀의 아버지는 폐인이 다 되었고, 어머니는 실종 후 1년도 안 되어서 돌아가셨지. 그녀를 숨긴 것은 누구일까? 그녀 자신일까? 타인일까? 지금도 전국적으로 한 해 수만 명이 실종되고 있대. 그 수만 명 가운데 자발적으로 사회로부터 격리된 사람은 몇이나 될까. 우리도 가끔은 스스로 사라지고 싶을 때가 있긴 하지. 그렇지만 대부분은 타의에 의해 사라지고 있는 중이거든.

이성의 푸른 눈

아버지, 더 이상 저를 찾지 마세요. 저는 이젠 열여덟 꽃다운 소녀가 아닙니다. 그리고 이 세상에서는 다시는 아버지를 만나볼 수 없는 처지가 되었습니다. 그날 밤의 일은 너무나 소름 끼치고 무서워서 차마 말씀을 드릴 수가 없습니다. 그날의 공포는 하늘을 찢는 저의 비명소리도 감히 다 담아낼 수 없는 것이었습니다. 제 이름을 부르면서 아버지, 더 이상 울지 마세요. 되돌아갈 수도 없고 그 부름에 응답할 수도 없습니다. 아버지, 그러니 이젠 그만 제 사진을 불태워주세요. 제 얼굴이 실린 전단지도 더 이상 사람들에게 나누어주지 마세요. 그 사람들도 결코 절 찾을 수 없으니까요.

저도 다른 딸들처럼 건강하게 잘 자랐다면 시집도 가고 손자, 손녀도 낳아서 안겨드렸겠죠. 저의 소박한 꿈이 현모양처였다는 거 아버지도 잘 아시죠? 다른 친구들은 공무원이나 그럴듯한 직업을 갖고 싶다고 했지만 전 그냥 현모양처로 살고 싶다고 했었죠. 사랑하는 남자 만나서 토끼같이 귀여운 자식 낳고 평범한 행복 누리면서 살고 싶었어요. 하지만 이젠 그 꿈도 부질없네요. 전 이미 철저히 유린당했고 버림받았고 잊혀져 가고 있습니다. 저를 사람들은 '실종자'라고 부릅니다. 그러나 아버지만은 아직도 제 이름을 불러주고 계시네요. 그만 아파하시고 아버지, 절 잊어주세요. 제 이름은 이제 실종자입니다. 영원히 돌아갈 수 없는 그런 사람입니다.

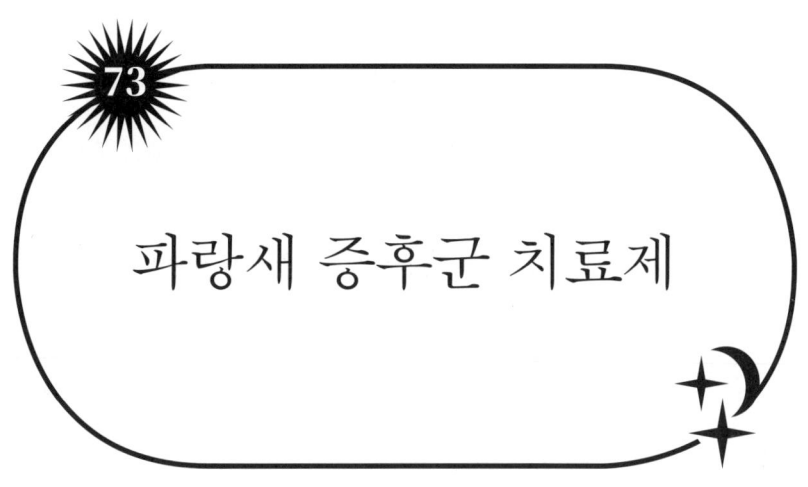

파랑새 증후군 치료제

◀《 혼란의 붉은 혓바닥 》▶

　벨기에 극작가 마테를링크가 쓴 동화 '파랑새'에서 유래된 "파랑새 증후군"이라는 것이 있다. 빨강새, 노랑새, 하얀새도 있건만 왜 작가는 굳이 파랑 색깔 새를 지목했을까. 어찌 되었든 대한민국 직장인 60%가 겪고 있다는 이 증후군의 정체는 바로 현실에 대한 불만족이다. 자신이 처한 현실에 대한 불인정과 불만에서 비롯된 이 증후군은 먼 미래의 행복만 꿈꾸며 현실을 외면하게 되는 증상을 나타낸다. 한마디로 현실과 이상의 불일치로 인해 고통에 처하는 것이 파랑새 증후군인 것이다. 왜 직장인들의 절반 이상이 현실에 만족하지 못하면서 사는 걸까. 그렇다면 그들은 왜 당장 직장을 때려치우지 못하고 있는 걸까.

현실에 만족하지 못하면서도 현실에 안주하는 것만큼 비겁한 일은 없을 듯하다. 적어도 내가 보는 입장에서는 그러하다. 자신이 다니는 직장이 자신을 비참하게 만들고 의기소침하게 만들고 불행을 초래한다면 굳이 꾸역꾸역 나갈 필요는 없지 않을까. 그렇지만 그렇게 쉽게 직장을 때려치울 수 없는 게 우리 시대 슬픈 직장인들의 자화상이다. 마테를링크는 동화 속에서 파랑새는 마음 속에 있음을 은연중에 명기했지만 그 마음이란 것이 대체로 애매모호한 것이다. 파랑새 증후군에 관한 구체적이고도 확실한 묘약이 반드시 필요하다. 그렇지 않다면 직장인의 절반 이상은 당장에 사표를 쓰지 않는 한 고통과 불행 속에서 지낼 수밖에 없는 것이다.

◀(이성의 푸른 눈)▶

"이게 뭔가? 자네도 이젠 회사에 적응할 때도 지났지. 부장이란 사람이."

박 부장은 오늘도 고개를 푹 숙이고 "죄송합니다."를 연발한다. 입사할 때만 해도 그는 푸른 꿈에 부풀어 있었다. 모든 취업준비생이 그렇게도 꿈꾸는 대기업에 입사하게 되었기 때문이다. 하지만 십 년이 흐른 지금 그는 자신의 이상이 대기업에 다니는 것이 아니었다는 것을 비로소 깨달았다. 자신은 어릴 적부터 자유롭게 여행을 다니고 싶었다. 여행가나, 여행작가 등을 하고 싶은 것이다. 답답한 빌딩에 갇혀서 하루종일 서류 따위나 들여다보고 있는 것이 자신이 바라던 이상향이 아니었음을 이렇게 늦게나마 알게 되었다. 하지만 그는 오늘도 달갑지 않은 발걸음으로 회사에 왔다. 그에겐 부양해야 할 처자식이 있기 때문이다.

남들은 들어오고 싶어도 못 들어온다는 대기업에 다니면서도 박 부장은 행복하지가 않다. 당장이라도 사표를 쓰고 훨훨 한 마리 새처럼 자유로워지고 싶지만, 그것도 마음대로 할 수가 없다. 어떻게 살아야 하나, 그의 머릿속은 늘 그렇게 고민과 혼란 속에 어지럽다. 그런 그가 항상 복용하는 약이 있다. 그나마 이 약을 먹음으로써 지금까지 미치지 않고 잘 견뎌온 것이다. 이 약은 전 세계의 어느 병원에서도 처방해주지 않는 약이다. 약국에서도 살 수가 없다. 왜냐하면 이 약은 오직 본인 스스로만 제조할 수 있기 때문이다. 그것은 '긍정적 자기 연민'이다. 박 부장은 하루에 한 알씩 '긍정적 자기 연민'이라는 약을 먹는다. 자신의 상황을 절망스러워하지 않고 현재를 행복하게 지낼 수 있게 하는 것이 이 약의 효과다.

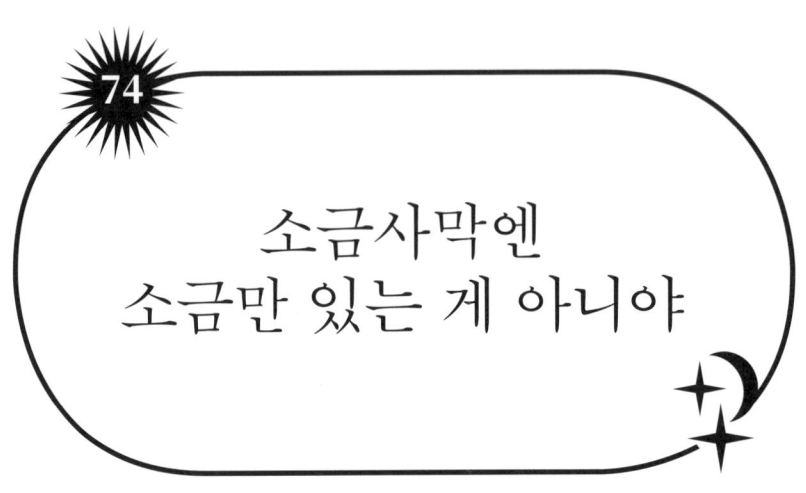

소금사막엔 소금만 있는 게 아니야

◀《 혼란의 붉은 혓바닥 》▶

볼리비아에 가면 소금사막이 있대. 그곳은 해발고도 3,653m 의 고지대에 위치하며 면적은 무려 1만 2,000㎢나 돼. 사람들은 그곳을 소금사막이라고도 하고, 소금호수라도 부른대. 왜냐하면 그곳은 원래 바다였거든. 지각변동으로 인해서 땅 위로 솟구친 바다가 빙하기 때부터 2만 년 동안 서서히 녹기 시작하면서 그 지역에 거대한 호수가 만들어졌는데 비가 통 내리지 않는 건조한 기후 때문에 소금만 남게 되었다는 거야. 그래서 그곳은 소금사막이기도 하지만 소금호수이기도 하지.

그런데 그곳이 세계적으로 인기를 얻는 명소가 된 것은 순전히 소금 때문만은 아니래. 그곳에는 소금만 있는 것처럼 보이지만 소금만 있는 게 아니라는 거야. 도대체 무슨 말이냐고? 낮에는 햇살과 하늘과 구름이 소금사막의 지표면에 반사되어서 절경을 이루고 있고, 밤에는 별빛 달빛이 한가득해서 그곳은 마치 천상의 정원처럼 아름답다는 거야. 소금만 있는 줄 알았던 우유니 소금사막에는 햇살도 있고, 하늘도 있고, 구름도 있고, 별빛 달빛까지도 있는 거였어. 겉으로 보이는 게 다가 아니라는 것을 소금사막은 지금 우리에게 일깨워주는 건 아닐까. 그저 겉으로 보기에 소금사막에는 온통 하얀 소금뿐인데 말이야.

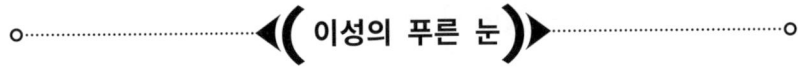

이성의 푸른 눈

눈을 크게 뜨고 보지 않는 한 개인의 내적인 상황을 읽기란 쉬운 일이 아니다. 소금사막이 온통 하얀 소금 천지인 것처럼 보이는 것은 우리가 그것을 조금 더 자세히 알고 싶어 하지 않았을 때인 것이다. 우리들이 소금사막에 대해서 깊은 관심을 가지고 그것을 유심히 관찰한다면 보이지 않던 것들을 발견해낼 수 있는 것이다. 소금사막에 소금만 있는 것이 아니듯이 사람에게도 표면적으로 드러난 것 이외의 것들이 있기 마련이다. 그것을 보려면 무엇보다도 우리의 의식에 변화가 있어야 한다. 나는 가끔 그런 의식의 변화를 겪는다.

내 친구 K는 누구보다도 잘 나가던 친구였다.

"넌 좋겠다. 뭐든 다 잘하고 정말 부럽구나."

친구들은 그렇게 말하곤 했다. 늘 승승장구하던 친구에게 불행한 일들이란 먼 나라의 이야기처럼 보였다. 하지만 어느 날, 나는 친구가 자살했다는 소식을 들었다. 알고 보니 친구에게는 아무에게도 말 못할 비밀이 있었다. 그는 그것을 아무에게도 털어놓지 못하고 혼자서 아파하다가 죽은 것이다. 나는 친구의 겉으로 드러난 면, 사회적 성공만 보았던 것이다. 친구의 내면에 그토록 큰 괴로움의 씨앗이 자라고 있었다는 걸 그가 죽고 난 후에야 알았다. 비로소 나는 해묵은 의식을 한 겹 벗겨냈다. 여태껏 나만 바라보고 나의 고통만 들여다보던 지극히 이기적인 마음이 그것이었다. 사람은 겉으로 드러난 것이 다가 아닌 것이다.

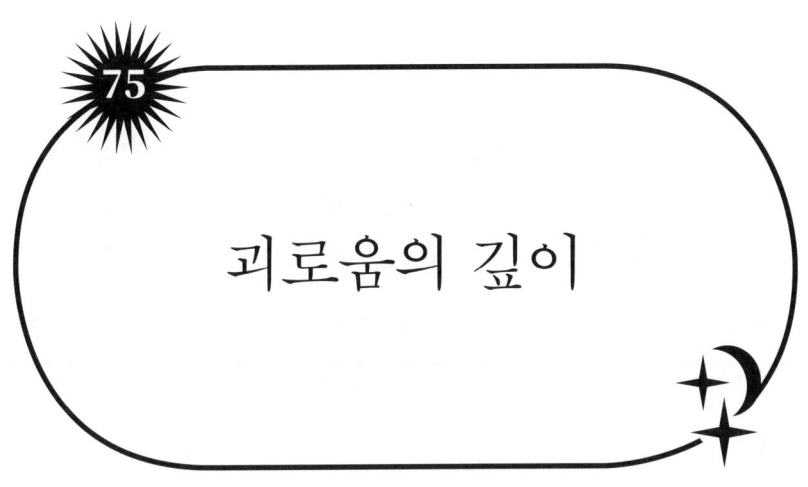

혼란의 붉은 혓바닥

얼마나 더 깊은 곳까지 침잠해봐야 이 긴 괴로움이 끝날까. 오늘도 하루 내 괴로웠다. 누구에게는 아무것도 아닌 시간의 초침이 내게는 독화살처럼 와서 꽂혔다. 죽고 싶다는 괴로움이 잉태한 신음소리도 하루종일 들어주어야 했다. 영혼까지 들썩일 만큼 시끄럽고 빠른 템포의 음악을 귀에 쑤셔 넣어도 이 괴로움은 도대체 끝나질 않는다. 이른 아침부터, 아니 정직하게 말하자면 꿈속에서

부터 끈덕지게 지속되어 온 괴로움은 밤이 다 되어가는 이 시간에도 끈질기게 살아남아 있다.

밥을 먹어야 하나, 말아야 하나. 사람이 괴로우면 입맛도 잃는 것이다. 지금 이 판국에 입에 무엇인가를 넣는다는 것 자체가 자기 학대가 아닐까. 그렇게도 맛있던 밥이 괴로움에 붙들린 인간에게는 쓰레기통의 잔반보다도 못한 것이 되는 것이다. 그래도 정말 괴롭다. 미치겠다. 왜 신은 내게 이토록 징글징글한 괴로움을 주시는 걸까. 만약 신이 계시다면 난 신에게 묻고 싶은 것이다.

"왜 인간은 괴로움을 감내해야만 하는 건가요?"

아직도 멀었다고 말하실 것만 같아서 용기가 나질 않는다.

"넌 멀었어. 괴로움은 이제 시작이란다."

이렇게 말씀하시면 기절할지 모르니까.

이성의 푸른 눈

"인생살이 행복한 일이 있으면 괴로운 일도 있기 마련이지요."

누군가 이렇게 말한다면 따져보자. 왜 행복한 일이 있으면 괴로운 일이 꼭 있어야만 하겠는가. 우리에게 괴로움은 필수적인 사항이 아니라 선택사항이 되어야 한다. 만일 그렇지 않다면 모든 인간은 평생을 괴로움 속에 허덕이다 죽을 것이다. 며칠 전, 아파트 공사장에서 일하던 김씨가 죽었다. 그가 죽은 이유는 표면적으로 술 때문이었다. 그도 그럴 것이, 그에게 일거리는 가뭄에 콩 나듯 한 번씩 생겼고, 일이 너무 고되어서 늘 허리통증에 시달려야만 했던 것이다. 게다가 가난의 굴레는 절대로 벗겨지질 않았다.

"이봐, 김씨. 여기 와서 닭발에다 소주 한 잔 걸치고 가!"

이렇게 동료들이 말하면 그는 거절하지 못하고 주저앉아 술이 얼큰하게 취할 때까지 마셨다. 물론 그런 날은 매우 드물다. 동료들도 모두 먹고 살기 힘든 처지여서 같이 어울려 술 마시기도 힘들어진 까닭이다. 그런 날이면 그는 홀로 후미진 여관방 구석에 앉아서 술을 마셨다. 마시고 마셔도 이놈의 술은 취하지도 닳지도 않았다.

"방세는 도대체 언제까지 밀릴 거요? 더는 못 참으니까 방을 비워주든지 돈을 내든지 해요."

여관주인의 싸늘한 말에 그의 떨리는 두 손은 더 떨려왔다. 그리고 깊이를 알 수 없는 괴로움의 수렁 속으로 빠져들었다. 괴로움은 그 깊이를 가늠하기가 좀처럼 어려웠다. 왜냐하면 그것은 세월이 갈수록 더 점점 수위가 높아지는 늪이었기 때문이다.

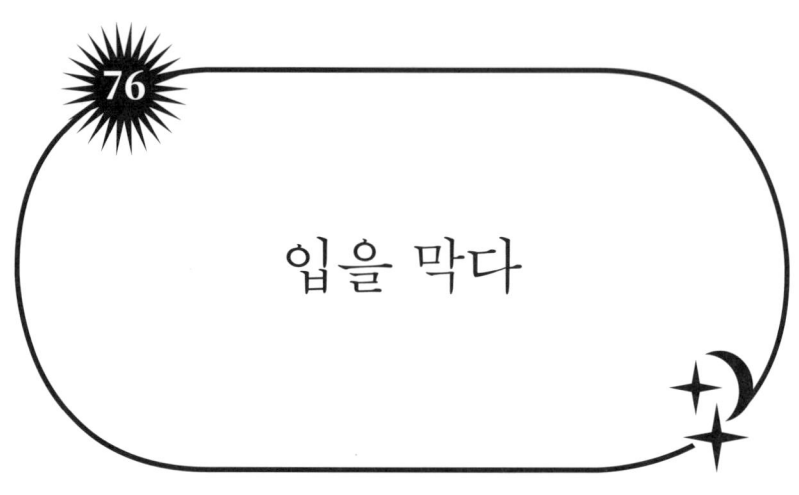

입을 막다

◀《 혼란의 붉은 혓바닥 》▶

　1987년 6월 화창한 어느 날, 영등포 학원 뒷골목에서 나는 눈물 콧물을 흘리면서 연신 재채기를 해대고 있었다.
　"괜찮니? 조심해. 얼른 입을 막아. 숨 많이 쉬면 안 돼!"
　누군가 그렇게 나와 친구들을 향해 소리를 질렀다. 고개 들어 보니 대학생 오빠였다. 경찰이 쏜 최루탄이 가까운 곳에서 터져 도저히 숨을 쉴 수 없을 만큼 매웠기 때문이다. 6.10 민주항쟁의 날이 바로 그날이었다. 학원 공부를 마친 나와 친구들은 열일곱 살의 어린 나이에도 불구하고 어른들과 함께 시위에 참가하고 있었다. 우리의 시위는 평화스러웠다. 누구 하나 화염병을 던지는 이도 없었고, 누구 하나 돌멩이를 집어 든 이도 없었다. 그런데 고작 열 몇 살의 우리는 최루탄에 피폭된 것이다.

우리들은 각자 입을 막고 계속 콜록거렸다. 도저히 입을 개봉하고 있을 수가 없었기 때문이다. 조금이라도 방심하고서 입을 열었다가는 당장 숨이 멎을 것만 같았다. 최루탄 가스가 그렇게 맵고 독할 것이라고는 상상조차 하지 못한 일이었다. 매캐한 최루탄 연기가 골목은 물론 대로변까지 가득해서 한참을 펑펑 울어야 했다. 무엇을 위해 그날 우리는 최루탄 가스를 마시면서 언니, 오빠들과 함께 시위에 참여했던 것일까. 그때 그토록 목 놓아 부르짖던 민주주의는 지금 실현되고 있는 건가. 수십 년이 흐른 지금 그때의 시위 구호도 잘 기억나질 않는다. 다만 우리는 입을 막고 또 막아야 했다. 그렇게 막지 않으면 그 순간만큼은 정말 죽을 것 같았기 때문이다.

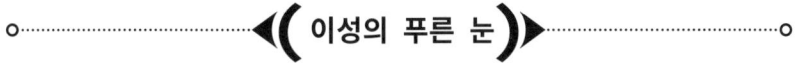

이성의 푸른 눈

2019년, 어느덧 마흔이 훌쩍 넘은 우리는 살면서 자주 입을 막는다. 친구는 어느 날, 편의점 앞에서 담배를 피우고 있는 한 무리의 고등학생과 마주쳤지만 입을 막고 제 갈 길을 갔다. 왜냐하면 몇 달 전 그와 똑같은 상황에서 학생들에게 훈계를 하던 40대 가장이 학생이 휘두른 주먹에 맞아 뇌사상태에 빠졌기 때문이다. 누구도 친구의 행동에 대해 손가락질할 수는 없을 것이다. 그가 입을 막았던 것은 자신을 위한 선택이었기 때문이다. 나 역시도 며칠 전 입을 막았던 기억이 있다. 길거리에서 한 남자가 행인들을 향해 욕설을 퍼붓고 있었지만 난 입을 막고 걸음을 재촉했다. 그것 역시도 나를 위한 최선의 선택이었던 것일까.

입을 막는 일은 자신을 보호하기 위한 방어 수단일 때가 많다. 최루탄 가스로부터 자신을 보호하려던 80년대의 우리들, 엉뚱하게 사건에 휘말려 피해를 볼까봐 입을 막는 우리들. 모두 자신을 지키기 위한 최후의 수단으로서 입을 막는 행위를 선택한 것이 아니겠는가. 입을 막지 않으면 죽을 수도 있다는 것을 이미 사람들은 경험으로 체득했기 때문이기도 하다. 그래서 가끔씩, 혹은 매우 자주 우리들은 입을 막으면서 자신의 본심을 제어한다.

"아직 어린데 벌써 담배를 피워서야 되겠니?"

"국민을 위해 당신들이 한 것이 도대체 뭔가요?"

"약자를 희생시키면서까지 너희들은 무엇을 얻고 싶은가?"

이런 부르짖음이 입속에 갇혀서 나오지 못해도 이해하기로 암묵적으로 우리는 합의 중이다.

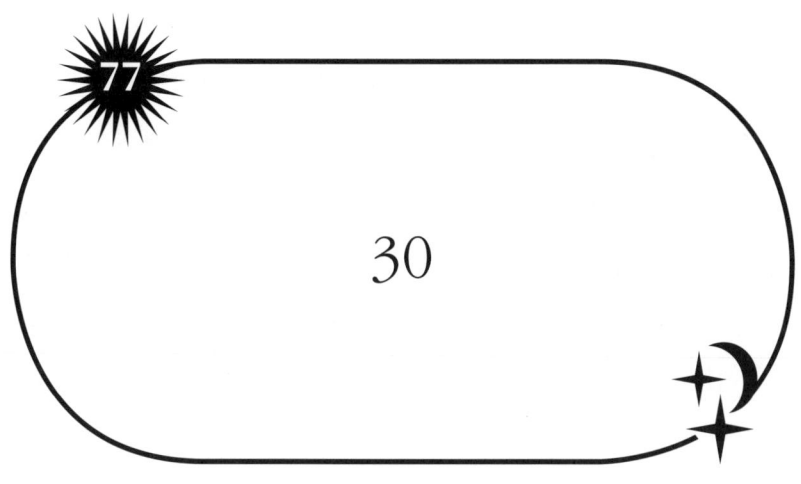

◀《 혼란의 붉은 혓바닥 》▶

집 근처에 초등학교가 있다. 그래서인지 30이라는 숫자가 쓰인 빨간색 표지판을 종종 발견하게 된다.

"이봐! 이곳은 초등학교 근처니까 시속 30킬로미터 이하로 운행해!"

이런 무언의 압력을 행사하는 둥근 입간판의 위력. 오늘 모처럼 외출을 하고 돌아오는 길에 30 입간판과 정면으로 눈을 맞추게 되었다. 물론 난 걸어오는 길이었다. 차를 운전하지 않음에도 불구하고 시속 30킬로미터 이하로 속도를 낮추지 않으면 누군가에게 혼날 것만 같은 기분이 들었다.

그래서 아주 천천히 걸었다. 30이라는 숫자가 한 사람의 걸음에도 영향을 미치기도 하나 보다. 이 숫자를 본 사람은 이 골목에 참 많을 것이다. 30이라는 숫자 입간판이 있는 곳은 군청 옆이다. 아니 정확히 말하자면 군청의 뒤편이다. 휴게실 겸 흡연실이 되는 나무 의자가 있는 곳 근처 윗부분에 도로가 있고, 그 도로 쪽에 동그마니 30이라는 입간판이 있는 것이다. 이 도로는 군청 앞부분의 큰 도로와 달리 많은 차가 다니지는 않지만, 꾸준히 차가 드나드는 곳이다. 걸어 다니는 사람도 적지 않다. 그들은 모두 나처럼 언젠가 한 번은 30이라는 숫자와 대면했을 것이다. 어떤 이는 무관심하게 지나쳤을 것이고, 어떤 이는 자동차 속도계나 자신의 보폭을 한 번쯤 꼼꼼히 확인해봤을 것이다.

◀《 이성의 푸른 눈 》▶

올해로 서른 살이 된 미영은 언제나 불안하다. 왜냐하면 그녀의 나이 서른 살이지만 마땅히 이룩해 놓은 것이 없기 때문이다. 대학을 졸업하고 겨우 취직한 조그만 회사는 그녀의 능력을 펼치는 곳이라고 할 수가 없었다. 그녀는 회사에 나갈 때마다 스스로에게 이런 질문을 하고 있는 중이다.

"내가 지금 과연 제대로 가고 있는 중일까?"

미영을 대하는 상사의 태도는 마치 집안일을 하는 가사도우미를 대하는 것 같았다. 아니, 차라리 그보다 더 못했다. 커피 심부름은 기본이었고, 자질구레한 잔심부름은 필수였다. 게다가 어떤 상사는 그녀의 엉덩이를 은근슬쩍 어루만지곤 했다. 이제 30이라는 숫자가 자신의 인생 앞에 모습을 드러냈지만, 미영은 30이라는 숫자를 책임질 자신이 없다.

서른이라는 나이를 감당하기까지 얼마나 긴 시간이 걸릴지는 그녀 자신만이 알 것이다. 서른과 마흔 사이에 많은 이들이 혼란스러워한다. 인생을 어떻게 살아가야 할지를 결정하는 가장 결정적인 시기가 이 시기가 아닐까 싶다. 나 역시도 이 시기에 비로소 작가로서의 첫빛을 내디디게 되었다. 서른아홉에 원고를 완성해서 마흔에 책이 나왔던 것이다. 더 자세히 살펴보면 30대 전체가 치열한 창작과의 싸움이었다고 해도 맞다. 십여 년의 인고의 시간을 거쳐 마흔에야 책 한 권이 나왔다고 볼 수 있는 것이다. 누구든 서른이 되면 삶을 결정해야 한다. 어떻게 살 것인가, 왜 살고 있는가, 무엇을 추구하면서 살아갈 것인가를 확고하게 정립해야 하는 시점이다.

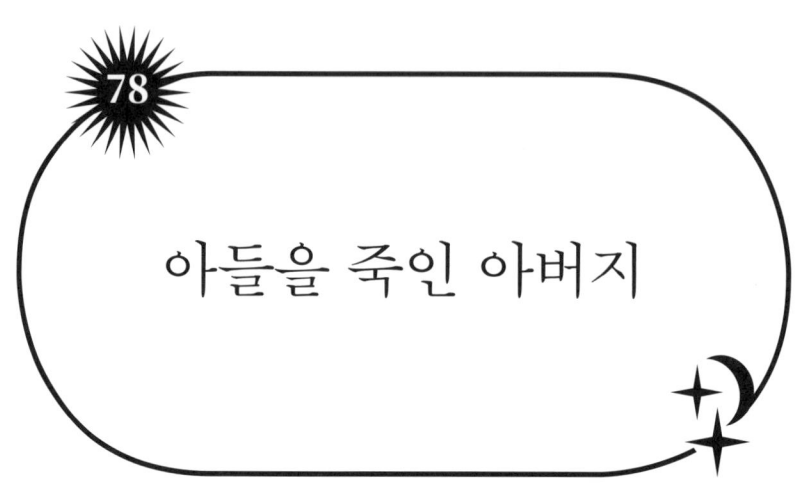

아들을 죽인 아버지

◀《 혼란의 붉은 혓바닥 》▶

"명절 스트레스로 이혼 신청이 늘었습니다."

명절만 되면 각종 사건 사고가 끊임없이 일어나지. 특히 명절만 지나면 위와 같은 이혼에 관한 기사가 홍수처럼 쏟아져 나오지. 시댁과의 갈등 등 명절 스트레스를 참지 못한 아내들이 이혼을 요구한다는 기사는 이제 사골처럼 몇 년째 우려먹는 기사 중 하나야. 그리고 그런 기사가 나면 많은 사람이 마치 처음 본 기사인 것처럼 호응을 해주곤 했어. 하지만 올해 설날은 조금 달라. 명절 이혼 기사를 저 멀리 안드로메다로 보내버리는 초강력 사건이 일어났기 때문이야. 무슨 사건이냐 하면 아버지가 아들을 죽인 사건. 무려 일곱 차례나 아들을 칼로 찌른 아버지의 뉴스에 사람들은 하나같이 경악했어.

물론 너도 경악했겠구나. 네가 지금 살아있는 중이라면 혹시 모르지 이 책을 먼 훗날 태어난 네가 읽는다면 이 사건 당시에 없었을 테니 이제야 이 책을 읽음으로써 경악하겠군. 아버지는 왜 아들을 일곱 차례나 칼로 찌른 걸까. 도무지 이해할 수가 없어.

"잔인한 아버지군. 어떻게 자기 자식을 한 번도 아니고 일곱 번이나 칼로 찌른단 말이야!"

이런 사람들의 분노는 지극히 인간적인 것이지. 그런데 말이야. 왜 아버시가 그릴 수밖에 없있던 것일까. 아들이 명절날 힐미니댁에 가지 않겠다고 해서 그랬다는 아버지의 말이 100프로 신빙성이 있는 걸까. 그 이면에 감춰진 아버지의 진실이 궁금한 건 나뿐일까.

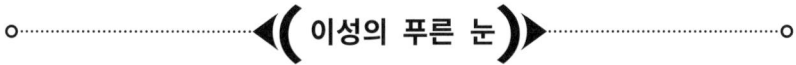

◆◆ 이성의 푸른 눈 ◆◆

아들을 죽인 아버지, 라는 엽기적이고도 잔혹한 사건의 팩트는 분명하다. 아버지는 아들을 죽였다. 그가 말한 범행 동기는 '설날 할머니 집에 가지 않겠다고 하는 아들의 반항'이다. 그런데 이게 전부라고 생각한다면 지극히 오산이다. 이성적인 논리로 풀어보면 이 사건의 핵심은 아들의 반항이 아니다. 아버지라는 한 개인의 정신적 혼란이 빚어낸 참극이다. 다른 집에서도 아들의 반항은 흔히 일어난다. 사춘기가 된 자식들은 혼자서 게임을 하거나 친구들과 노는 게 명절날 할머니 집에 가는 것보다 더 즐거운 법이다. 그래서 명절날 혼자 집을 지키는 아이들이 없지 않다. 그런데 그런 집에서 모두 칼부림이 일어나는가?

그렇다면 이 사건의 피의자인 아버지는 왜 아들을 살해했을까. 아버지는 정신적 혼란으로부터 자신을 컨트롤하지 못했기 때문이다. 아들의 '자폐아' 설을 믿는다고 하더라도 아버지가 분명히 잘못한 점은 있는 것이다. 아들이 자폐아라고 해서 모든 아버지가 아들을 죽이진 않는다. 오히려 그런 아들일수록 가엾게 여기고, 건강한 자식보다 더 애정을 쏟는 법이다. 수년간에 걸친 아들의 비정상적인 행동으로 아버지의 정신이 황폐화된 건 분명하다. 우리는 이 사건으로부터 큰 교훈을 얻을 수 있다. 어떤 비상식적인 상황에 처해도 자기 자신의 정신과 감정을 잘 다룰 수 있는 사람이 된다면 극단적인 결과를 피할 수 있다는 것을. 아들을 아홉 번 칼로 찌른 게 중요한 게 아니다. 아버지가 자기 자신을 올바르게 다스리지 못했다는 것이 더 중요한 팩트다.

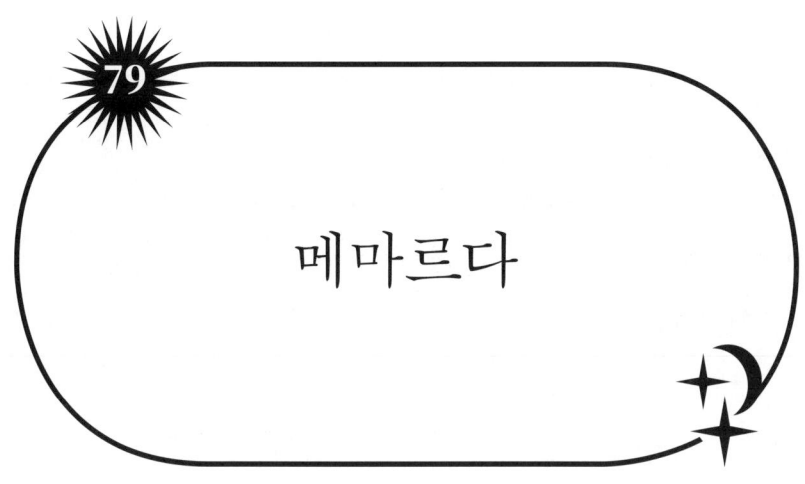

메마르다

◀《 혼란의 붉은 혓바닥 》▶

 겨울이라 그런지 피부가 매우 건조해. 마치 80 노인의 그것처럼 쭈글쭈글해진 손등을 보자면 한숨이 절로 나오지. 보습로션을 바르라고? 글쎄. 이젠 그런 일 하기도 귀찮아졌어. 왜 이렇게 메마른 걸까. 혼자서 맞이하는 아침, 혼자서 맞이하는 저녁, 별로 새로울 것도 없는데 말이야. 슬픈 노래를 들으면 눈물이 절로 나오던 시절도 있었지. 그런데 이제는 아무리 슬픈 노래를 들어도 눈물이 잘 나오질 않네. 눈물마저 철저하게 고갈된 내 감성. 넌 왜 이렇게 변한 거니? 쓸쓸하게 자문해보지만 정작 그 무엇 하나 정확하게 대답해줄 수 없다.

　왜 사람들은 나이가 들수록 메말라가는 걸까. 어린 시절에는 작은 일에도 잘 웃던 순수하고 해맑았던 우리들인데. 세월의 무게를 감당하다 못해 지쳐버린 것일까. 웃어도 울어도 웃음과 눈물이 예전 같지 않은 것이다. 너무 메말라서 손대면 바스라질 것만 같은 마음이 내 안에 있어. 건조해진 손등은 좀처럼 제 모습을 찾기 힘들다. 겨울이라 그런 걸까? 단지 겨울이라서 손등이 메마르고, 마음이 메마르고, 삶이 이렇게 메마른 걸까. 언제쯤이면 너와 나는 이 지긋지긋한 건조한 일상에서 벗어날 수 있는 걸까? 겨울바람이 너무나 차다. 서러울 것도, 눈물 날 일도 많은 하루가 오늘도 기울어가는구나.

◀《 이성의 푸른 눈 》▶

　엄마의 손은 항상 수십 년 동안 가뭄 든 논바닥처럼 메말라 있었다. 로션 한 번 제대로 바르시지 않던 엄마의 손. 항상 밭으로, 논으로, 들판으로 다니시느라 엄마의 손과 발은 쉴 틈이 없었다. 나는 그런 엄마의 손을 저녁이면 자세히 볼 수가 있었다. 언젠가 한 번은 엄마의 손가락을 유심히 보게 되었다. 늙은 고목나무보다 더 굳고 메마르고 게다가 퉁퉁 부은 엄마의 손가락을 보다가 그만 눈시울이 젖어 들었다. 하지만 난 아무런 말도 하지 못했다.

"엄마, 손가락이 많이 아파 보여요. 저를 위해 힘들게 일하시다 이렇게 되셨네요. 죄송합니다. 엄마. 사랑해요."

이런 말 한 번 할 법도 했는데 난 묵묵히 엄마의 메마른 손을 바라보기만 하였다.

그 후로 수십 년이 흘러 나도 엄마가 되고, 엄마는 할머니가 되셨다. 엄마의 장례식 때 나는 염을 하는 과정을 가족들과 지켜보았다. 유리창 너머로 엄마의 손이 가장 먼저 눈에 들어왔다. 항상 날 위해 맛있는 걸 만들어주시던 엄마의 손이, 항상 날 위해 기도하시던 엄마의 손이 아무런 힘없이 거기 있었다. 수의를 입히느라 장의사가 엄마의 손을 들었다 놓을 때 엄마의 손은 마치 메마른 삭정이처럼 풀썩 바닥으로 떨어졌다.

'저 손을 잡아드려야 하는데.'

나는 울면서 엄마의 손을 바라만 보았다.

"엄마 손은 약손. 하나 셋, 둘 셋 얼른 나아라. 엄마 손은 약손. 내 딸 배 아픈 거 얼른 나아라."

20여 년 전 아픈 막내딸의 배를 따스하게 어루만져 주시던 엄마의 손은 더욱더 메마르고 차가워진 채 그렇게 이 세상에서 내게 마지막 작별을 고했다.

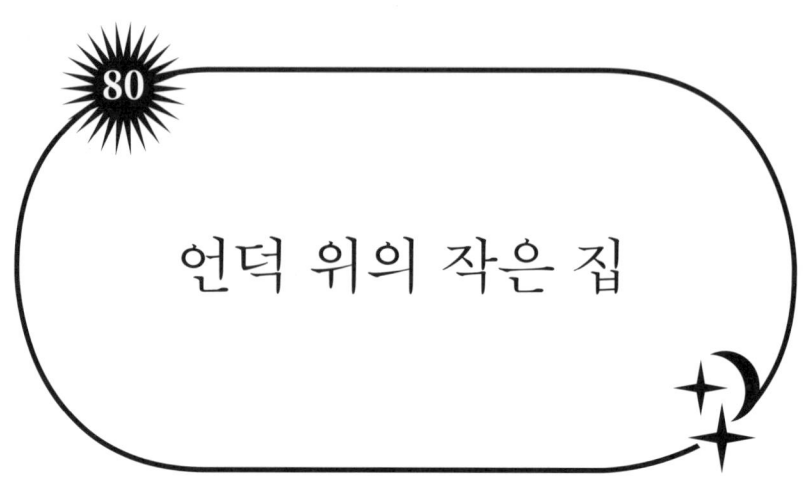

혼란의 붉은 혓바닥

나는 언덕 위의 작은 집을 동경했다. 연둣빛 초원이 펼쳐진 언덕 위에 지어진 유럽풍의 작은 집에는 형용할 수 없는 행복한 무엇이 있을 것만 같았다. 거기에는 김이 모락모락 나는 벽난로와 사랑하는 사람들이 있을 것이고, 거기에는 꿈을 향해 즐겁게 달려가는 내가 있을 것이다. 그리고 거기에는 비난이나 좌절이나 외로움, 슬픔 따위는 없을 것만 같았다. 그래서 난 언덕 위의 작은 집에서 살고 싶었다. 어린 시절에는 그랬다. 누구나 언덕 위의 작은 집에서 살 수 있으리라 생각했다. 마음만 있다면 가능한 일이라고 생각했다.

그러나 스무 살이 지나고부터 언덕 위의 작은 집에서 산다는 게 쉬운 일이 아님을 깨닫게 되었다. 그건 어쩌면 신기루나 환상에 불과한 것이라는 것을 서서히 알게 된 것이다. 그렇다고 해서 언덕 위의 작은 집에 대한 동경이 아예 사라진 건 아니다. 아직도 언덕 위의 작은 집은 내 마음속에 지어져 있다. 거기에 들어가 가끔씩 쉬었다 나오기도 한다. 그곳에는 역시 지금도 변함없이 사랑하는 이들과 꿈을 향해 즐겁게 달려가는 내가 있다. 하지만 이젠 그 집에 들어가는 횟수가 점점 줄어들고 있는 중이다. 그 대신 나는 현실의 작은 집에서 사랑하지만 가끔은 열불나게 만드는 사람들과 교제하고 즐겁지만, 때론 너무나 고통스리움을 동반하는 꿈을 향해 달려가는 중이다.

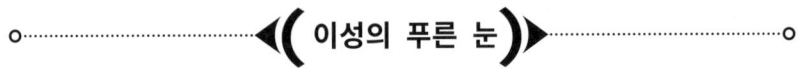

이성의 푸른 눈

여섯 시간이 넘도록 화장실도 참아가면서 계산대에서 꼼짝하지 못할 정도로 일해왔던 30대 주부 최씨. 그녀의 남편은 뇌종양에 걸려서 투병 중이고, 딸아이는 이제 초등학생이 되었다. 가정의 생계는 전적으로 그녀의 두 어깨에 달려 있다. 그녀도 어린 시절에는 다른 사람들처럼 푸르른 꿈을 지녔었다. 그녀의 꿈은 '언덕 위의 작은 집'에서 행복한 가정을 꾸려 사는 것이었다. 엄청난 부자가 되겠다는 것도 아니었다. 유명한 인사가 되어서 세상 사람들에게 존경받고 싶어 했던 것도 아니었다. 그저 평범하게 언덕 위의 작은 집에서 사랑하는 가족과 단란한 생활을 하고 싶었을 뿐이었다.

그런데 그녀의 소박한 꿈은 이제 산산조각이 나버렸다. 그녀는 비정규직, 흔히 말하는 계약직이다. 하루종일 다리에 쥐가 나도록 서서 계산기를 두드리지만 남는 건 불안한 미래였다. 1년마다 다시 계약을 해야 하는데 내년에도 이곳에서 일할 수 있다는 보장은 없기 때문이다.

"야, 무슨 계산을 이따위로 해! 사람을 이렇게 기다리게 해도 되는 거야. 느려 터져 가지고 여편네가 집에서 밥이나 하지."

어쩔 때는 이런 생트집에 시달리기도 했다. 그렇게 고래고래 소리를 지른 노인은 그녀가 오기 전에도 다른 수납원에게 그런 행패를 부리곤 했던 자였다. 그러나 그녀는 화를 낼 수가 없다. 만일 이곳에서 쫓겨나게 되면 병을 앓고 있는 남편과 초등학생 딸아이는 당장 약도 못 먹고 밥도 굶어야 할 형편이기 때문이다. 언덕 위의 작은 집은 그녀에게 남은 마지막 희망이다. 언젠가는 그 집에서 병이 말끔히 나은 남편과 사랑하는 딸아이와 걱정 없이 살고 싶은 것이다.

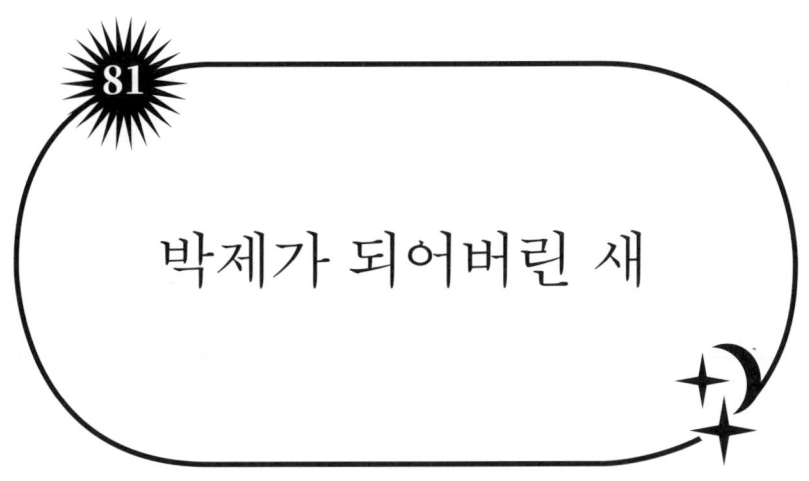

◀《 혼란의 붉은 혓바닥 》▶

　깨끗하게 씻긴 채 잘 말려진 새 한 마리. 새는 이제 더 이상 창공을 날아오를 수 없게 되었다. 내장을 들어내고 그 안에 솜을 쑤셔 넣는다. 뼈를 떼어내고 철사로 뼈대를 만든다. 그러면 제법 살아생전의 새의 모양이 나온다. 이젠 새가 아닌 박제 새. 박물관의 한구석에 진열된 채 사람들의 무료함을 달래줄 예정이다. 그러나 박제가 되어버린 새에게도 과거는 있다. 알에서 갓 부화했을 때,

어미가 물어다 주는 먹이를 먹기 위해 주둥이를 내밀던 과거, 날갯짓을 익히기 위해 벼랑 끝에서 두려움을 떨치고 비상하던 기억.

새는 모든 걸 기억한다. 그 누구도 새의 기억을 온전히 박제시킬 수는 없는 것이다. 박제사가 아무리 독한 화학약품을 새의 머릿속에 퍼붓는다고 해도 그것을 지울 수는 없다. 왜냐하면 박제가 되어버린 새에게도 살아있었던 시간이 있었기 때문이다. 깃털 하나하나에 새겨진 자연의 흔적, 바람에 흔들리고 비에 젖던 흔적, 어둠 속에서 홀로 무서워하던 흔적, 살아갈 날들을 걱정하던 흔적. 이런 모든 흔적은 박제가 되어버린 새를 떠나지 못하고 있는 중이다.

"엄마, 저 새는 왜 여기에 있어요?"

박물관을 찾은 일곱 살 꼬마가 엄마에게 묻는다.

"응, 박제되었기 때문이지."

엄마가 대수롭지 않게 대답한다.

"그런데 엄마, 왜 새를 박제해야 하는 거예요? 그냥 날아다니게 놔두면 안 되나요?"

아이는 못내 박제된 새가 아쉽다. 금방이라도 날아오를 것만 같은데 저렇게 꼼짝 못하고 있는 모습이 어린 눈에도 슬퍼 보였던 것이다.

◀《 이성의 푸른 눈 》▶

이렇게 기어 다니는 것도 언제 불가능해질지 모른다.

"서서히 근육이 굳어갈 겁니다. 그래도 희망은 버리지 마세요."

이런 의사의 말도 그에게는 아무런 도움이 되질 않는다. 그는 이미 알고 있다. 인터넷으로 이 병을 검색한 이후로 그는 자신이 언젠가는 죽을 것이란 걸 알고 있다. 하지만 그가 처음부터 이렇게 방구석에 박제된 새처럼 박혀 살았던 것은 아니다. 그는 유능한 엔지니어였다. 곧 좋은 기업체로 스카웃될 예정이기도 했다. 그런데 어느 날부터 몸에 이상 증상이 나타났다. 서서히 몸은 쇠약해졌고 스카웃되었던 직장도 스스로 그만둘 수밖에 없었다.

"사기야, 나 결혼할 사람 생겼어. 널 잔인한 여자라고 생각하지마. 날 이해해주었으면 좋겠어."

10년 동안 사귄 오랜 연인은 그렇게 그의 곁을 떠났다. 그는 생각했다.

'만일 내가 병에 걸리지 않았다면 그녀가 날 떠났을까?'

그는 서서히 스스로를 박제하고 있는 중이다. 늙은 노모는 그런 그를 걱정하느라 주름이 더 늘었다.

"운동도 하고 그래야 몸이 조금이라도 나아지지 않겠니?"

하지만 그는 요지부동이다. 스스로 내장을 꺼내고 스스로 뼛조각을 선별해서 꺼내놓는다. 밤이면 밤마다 그 일을 되풀이한다.

살아서 박제가 된 최초의 인간이 자신이 될지도 모른다며 헛웃음을 짓기도 한다. 관절과 근육이 점점 굳어져 가고 있다. 이 짓도 언제 멈추게 될지 모른다.

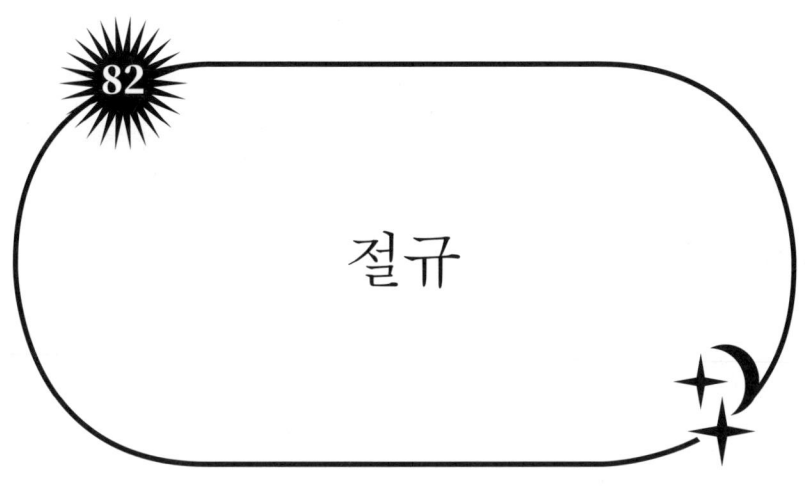

절규

◀◀ 혼란의 붉은 혓바닥 ▶▶

못생긴 애벌레 같은 인간이 두 귀를 막고 두려움에 떠는 그림 한 장. 뭉크의 절규를 본 난 그만 절규하고 말았지.

"세상에 이런 기괴한 그림이 있다니!"

그건 어쩌면 동병상련의 감격이었지. 그림 속의 대머리 인간은 나처럼 매우 지쳐 보였고, 공포에 질린 채 귓구멍을 틀어막은 채 핏빛 석양이 물든 피오르 다리 위에서 생쇼를 하고 있더군. 그래,

그건 생쇼야. 쌩쑈! 왜 하필 그 시간에 그 다리를 지나게 되었는지 뭉크에게 물어보고 싶었어. 친구들과 함께 걸어가는데 친구들은 그냥 생각 없이 그 다리를 지나갔고, 자신만 자연이 주는 거대한 공포를 느꼈다더군. 그럼 그 애벌레 같은 인간은 뭉크 자신이겠군.

매우 보기 불편한 그림인데 묘하게 사람을 끌어당겼어. 어느 책에서 그 그림을 처음 발견했지. 난 그림도 그림이지만 '절규'라는 제목에 더 반하고 만 것 같아. 육체와 정신이 모두 소진될 때까지 소리치는 것이 절규라면 난 자주 그런 감정을 느끼곤 하거든. 생쇼든 쌩쑈든 뭉크의 절규 속 나이를 가늠할 수 없는 대머리 남자 혹은 여자는 그래서 바로 나와 같이 느껴졌던 거지. 살면서 우리는 가끔 자신이 내지를 수 있는 최대치의 음량을 내지르고 싶다는 욕구를 느끼고 있잖아. 뭉크는 피카소만큼 살아생전 대접받는 화가였다던데 공황장애 때문에 그런 그림을 그린 걸까. 결코 자기 자신의 이득을 위해 그림을 내다 팔지 않았다는 그에게 어떤 두려움이 그렇게도 크게 다가왔던 것일까. 그것이 무슨 공포든 절규하는 뭉크를 본다는 건 매번 날 미치도록 전율시켜.

《 이성의 푸른 눈 》

악, 소리도 못 지를 정도의 충격을 받을 때 우리는 절규한다.

그래서 어찌 보면 절규란 소리도 못 지를 정도로 커다란 공포를 경험한다는 의미이기도 할 것이다. 면 소재지에서 병원을 운영하던 김 원장 가족의 죽음도 시골 마을 사람들이 절규할 만큼 충격적인 일이었다. 그도 그럴 것이 김 원장은 매우 인자하고 자상한 의사였으며 자식들과도 소원해진 시골 노인네들을 친부모 이상으로 정성껏 돌봐왔던 것이다. 그런 김 원장이 아내와 아들을 태우고 운전을 하던 중 교통사고를 당해서 일가족이 그 자리에서 사망했다.

하 노인은 자식을 일곱이나 두었다. 그러나 소식이 끊긴 지 오래다. 정 없던 아내는 이십여 년 전에 당뇨합병증으로 죽었고, 그는 홀로 외롭게 살고 있었다. 그런 하 노인이 주중이면 매일 하는 일과가 있었다. 그건 면 소재지에 있는 김 원장의 병원에 다니는 것이었다. 사실 하 노인은 허리가 아프긴 했다. 오랜 농사일로 농부들치고 허리 안 아픈 사람이 없는 것이다. 그렇지만 실상은 하 노인은 김 원장의 따뜻한 미소가 보고 싶어서 병원엘 다녔었다. 그런 하 노인에게 김 원장 가족의 갑작스런 사고 소식은 충격 그 이상이었다. 김 원장이 죽고 나서부터 목구멍 속에서 뭔가가 막치고 올라왔다. 가시 같은 것이 심장을 찌르고 훑었다. 그것이 절규인지 뭔지는 알 수 없었지만, 사람으로 태어나 그렇게 가슴이 쓰린 건 처음이었다.

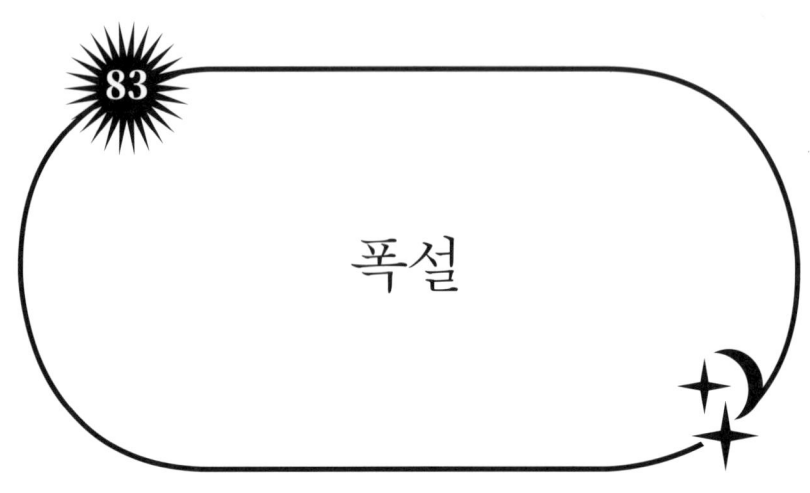

◀《 혼란의 붉은 혓바닥 》▶

　강원도 지방을 중심으로 일주일 가까이 폭설이 내리고 있다. 몇 년 전에는 내가 살던 이 지역에도 그런 엄청난 눈이 내린 적이 있었다. 그래서 폭설이 얼마나 위험한 것인지 잘 알고 있다. 폭설이 내리던 그해 겨울에 집 뒤편에 있는 산에서 토사가 흘러내려 도로가 이틀이나 마비된 적이 있다.
　"엄마, 산이 무너졌어!"

아들의 말을 들은 난 기겁을 했었다. 과연 산의 한 귀퉁이가 떨어져 도로의 절반을 가로막고 있었다. 그 도로를 지나면 조금 더 빨리 다른 지역으로 이동할 수 있는 곳인데 그곳이 막히게 되니 터미널 쪽까지 걸어가서 버스를 타야만 했다. 여간 불편한 게 아니었다.

한때는 하얀 눈이 펑펑 내리면 가슴이 설레기도 했었다. 그런데 나이가 들다 보니 지나치게 많이 내리는 눈은 감당하기가 벅차지는 것이다. 폭설에 의해서 산사태가 나고, 그로 인해 인명 피해도 나는 것이 현실이다. 주택가 축대가 무너져 잠을 자던 일가족이 흙더미에 깔려 숨지거나 다친 것도 폭설의 영향이다. 폭설을 예측할 수는 있어도 그걸 막을 수는 없다. 인간의 한계인가. 인간은 폭설이 쏟아진 후에 그걸 치우는 일이나 할 수 있는 그런 미약한 존재다. 수천 명의 군 병력이 투입되어서 제설작업이 시작되었지만 언제 그 많은 눈을 치울 수 있을지 기약이 없다. 사흘 후면 또다시 폭설이 예고되어 있기 때문이다.

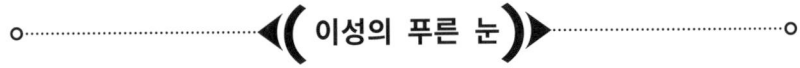

◀《 이성의 푸른 눈 》▶

내일이면 졸업식이 있는데 아이는 졸업장을 받을 수 없는 몸이 되었다. 폭설이 내린 어젯밤 밤 늦게까지 공장에서 야근을 하던 아이는 공장의 천장이 무너져 내려 숨졌기 때문이다. 특성화고에 다니던 중 현장실습을 나온 이제 고3인 아이는 그날 밤, 형들과 같이 작업을 하던 중이었다.

"일하기 힘들지?"

공장의 맏형뻘인 형이 물었다. 아이는 아직 채 솜털이 가시지 않은 보송보송한 얼굴로 멋쩍게 웃었다.

"네. 조금 힘들긴 해요. 그렇지만 열심히 해서 고생하시는 부모님께 힘이 되어드려야죠."

전혀 고등학생 같지가 않은 아이의 말에 갑자기 현장이 숙연해졌다.

그런 아이에게 하늘은 폭설을 선물로 주었다. 폭설과 함께 아이의 열아홉 살 생도 마침표를 찍게 되었다. 아이의 장례식 날에도 폭설은 그치질 않았다. 아이의 부모는 하나뿐인 외동아들을 화장하면서 통곡했다.

"대학도 못 보내준 못난 부모, 하늘에서라도 용서해다오. 사랑하는 아들아."

엄마의 목소리는 폭설에 묻혀 멀리 날아가지 못했다. 졸업장을 대신 받아서 가져온 친구가 아이의 이름을 부르면서 울먹였다.

"친구야, 우리 같이 공부하던 그때를 기억할게. 넌 정말 좋은 친구였어."

그 말 역시 폭설에 묻혀서 잘 들리지 않았다. 눈은 그치지 않고 내렸다. 마치 오늘이 이 세상의 마지막 날이라도 되는 것처럼 하염없이 내리고 있었다.

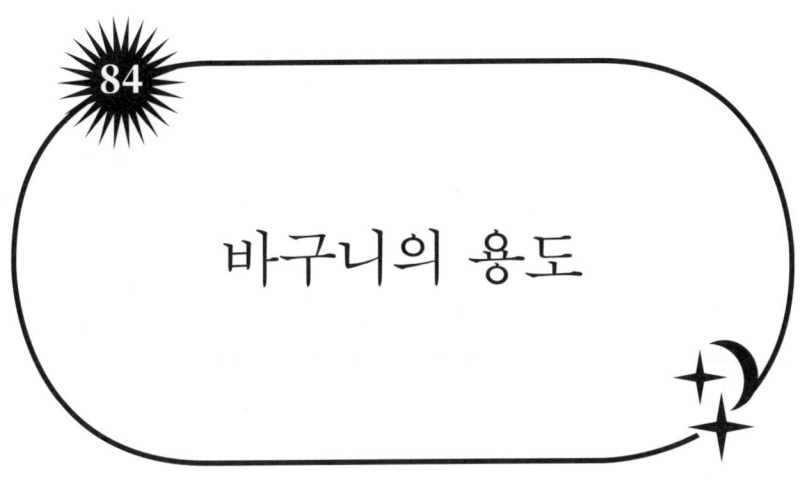

바구니의 용도

◀《 혼란의 붉은 혓바닥 》▶

우리 집엔 빨간 플라스틱 바구니가 있다. 이 바구니의 용도는 빨래를 담아서 건조대에 옮기는 것이다. 십여 년이 거의 다 된 이 낡은 바구니는 가끔 다른 용도로 쓰이기도 한다. 한꺼번에 많은 쓰레기봉투를 옮길 때 바구니는 자신의 용도에서 벗어난 역할을 수행하게 된다. 어린아이 한 명이 들어가 앉아도 될 만큼 넉넉한 이 바구니가 처음 우리 집에 오게 된 것은 친구 때문이었다.

"집에 바구니가 너무 많아. 너 하나 가질래?"

과연 친구의 집에는 초록색 바구니, 분홍색 바구니, 빨간색 바구니 등이 있었다.

나에게 하나쯤 주어도 하나도 티가 안 날 것 같았다.

"그래, 한 개 줘. 난 마침 바구니가 없는데 잘 되었네."

그렇게 바구니는 본의 아니게 우리 집에 입성하게 된 것이다. 그렇게 집에 온 바구니는 탈수된 옷들을 품고 나와 함께 앞마당에 나갔었다. 그리고 가끔은 여러 개의 쓰레기봉투를 버리러 나와 함께 대문 밖에도 동행했다. 바구니는 자신의 용도를 알고 있을까. 원래는 깨끗한 빨래를 담았었는데 이젠 지저분한 쓰레기봉투나 나르고 있다는 걸 안다면 수치스러울까. 솔직히 말해서 요즘은 빨래를 담기보다는 쓰레기봉투나 재활용 쓰레기를 담는 용도로 더 자주 쓴다. 왜냐하면 빨래를 담아 옮길 새로운 바구니가 하나 더 생겼기 때문이다.

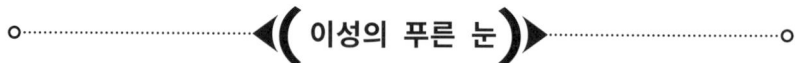

2010년 5월 캐나다 밴쿠버 시내 가톨릭계 병원인 세인트 폴 종합병원에 아기 바구니가 처음 등장했다. 아기 바구니는 원치 않는 임신 등으로 어쩔 수 없이 아기를 키울 수 없는 이들이 아기를 놓고 가도록 하기 위해 설치된 것이다. 아기 바구니 안에는 부드럽고 포근한 담요가 깔려 있고, 곰인형도 놓여 있었다. 발견된 아기는 병원에서 건강검진을 마친 후에 입양기관으로 입양될 예정이었다. 그렇다면 그 바구니는 처음에 어떤 용도로 만들어진 것일까. 아기를 담는 용도? 버려지는 아기를 지켜주는 용도? 아기를 유기시키는 용도?

선희는 열여섯 살 겨울에 임신을 했다. 또래의 남자 친구는 임신 사실을 알자 전학을 가고 연락을 끊어버렸다. 어떻게 해서 아기를 낳긴 했다. 하지만 키울 자신은 없었다. 그래서 아기 바구니가 설치된 성당 입구까지 걸음을 옮겼다. 그곳엔 자신처럼 미혼모이거나 아기를 키울 수 없는 형편의 사람들이 아기를 놓고 갈 수 있도록 바구니가 설치되어 있었기 때문이다. 태어난 지 이틀도 채 되지 않은 아기는 선희의 품에서 꼼지락거렸다. 아기의 얼굴을 차마 바라볼 수가 없었다. 자신의 피와 살로 만들어진 아기는 이렇게 말하는 것만 같았다.

"엄마, 절 버리지 마세요."

그러나 선희는 바구니 안에 아기를 내려놓고 마침내 뒤돌아섰다. 이것이 자신과 아기를 위한 최선의 길일 것이라 믿고 싶었다. 바구니 안에 홀로 누운 아기는 엄마가 간 걸 아는지 한참을 서럽게 울었다.

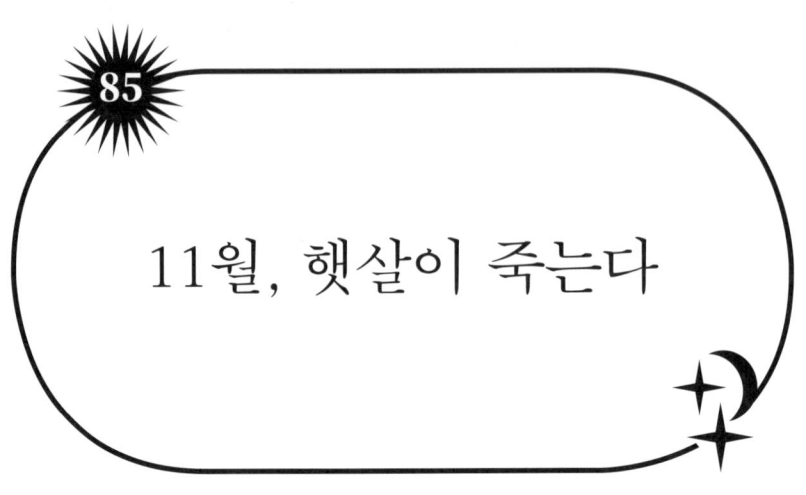

11월, 햇살이 죽는다

◀《 혼란의 붉은 혓바닥 》▶

"무례하고 저질스런 인간들. 출구가 보이지 않는 현실. 정체되어버린 자아. 제멋대로 엉켜버린 인간관계. 답 없다."

몇몇의 사람들은 그렇게 부정적이고도 불편한 생각을 심중에 품고 살아간다. 왜? 그것은 그들의 자유. 무엇을 생각하든 그들의 자유다. 나 역시도 나 자신의 생각이 자유롭게 유영하기를 원한다. 나의 고뇌에서 비롯된 생각이 그 누구의 방해도 받지 않고 시

공간 속을 짐승처럼 누비고 다니길 소망한다. 그러므로 이 시간에 유유히 사색의 바다를 헤엄치고 있는 것이다.

옷을 입든, 벗든 생각의 몸뚱이는 여유롭게 시간의 바다를 항해한다. 비칠거리면서 사는 인간이든, 우아하게 똥폼 잡고 사는 인간이든 생각하는 시간만큼은 제 세상인 것이다. 그런데 산다는 것은 즐거움보다는 괴로움, 행복감보다는 비탄이 더 잦다. 그래서 우리는 자주 이렇게 한탄한다.

"이 고약한 인간 세상, 무엇이 우리를 이토록 괴롭게 하는가?"

11월 햇살이 죽는다. 영상 9도라는데 사람들은 외투를 입고 목도리를 칭칭 동여매고 걷는다. 왜? 그것도 그들의 자유. 바람은 차다. 어쩌면 뺨을 할퀴고 싸대기를 한 대 날릴 것만 같은 바람이다. 이런 바람의 무례함도 역시나 사랑해야지, 한다. 그것은 까닭이 없는 관용의 미친 짓일시도 모른다. 이렇게 추운데 아직 거울이 아니라니. 내 몸이 영하의 날씨를 갈구하나 보다. 답 없다.

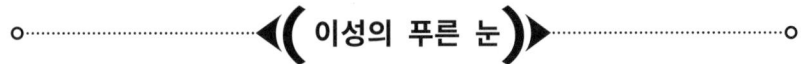

◀《 이성의 푸른 눈 》▶

11월, 햇살이 죽긴 왜 죽니? 그건 네 착각일 뿐이지. 누가 인생의 해답을 명쾌하게 제시할 수 있겠는가. 이 넓은 세상에 사람들 멋대로 생각하는 걸 누가 말릴 수도 없다. 그들의 생각을 인정하기로 하는 건 우리들 자신을 위한 가장 큰 배려다. 누가 뭐라고 하든 그들의 뇌 속에서 잉태되어 나온 말이므로 우리가 일일이 관여해서는 안 된다는 것은 상식 아닌가. 내가 사색의 바다에서 한 마리 늙은 인어공주가 된다고 해도 행복하다는 건 생각의 농락이다. 나는 생각도 하지만 행동도 하고, 이 사회에서 당당한 일원으로 살아가고 싶은 것이다. 이것은 인간이라면 누구나 갈구하는 사회적 동물에 대한 갈망일까.

옷을 입든, 벗든 생각의 몸뚱이가 여유롭게 시간을 항해한다는 것은 혼란한 정신이 빚은 참극이다. 나는 생각의 바다를 여유롭게 항해하지 않는다. 대신 치열하고 섬세한 몸짓으로 생각의 바다를 맛본다. 이 맛은 분명, 달큼하고 시큼하고 욱, 어쩌면 구토가 일 것 같기도 한 애매모호한 맛. 아무도 아직 11월의 햇살이 죽는 걸 보지는 못했다.

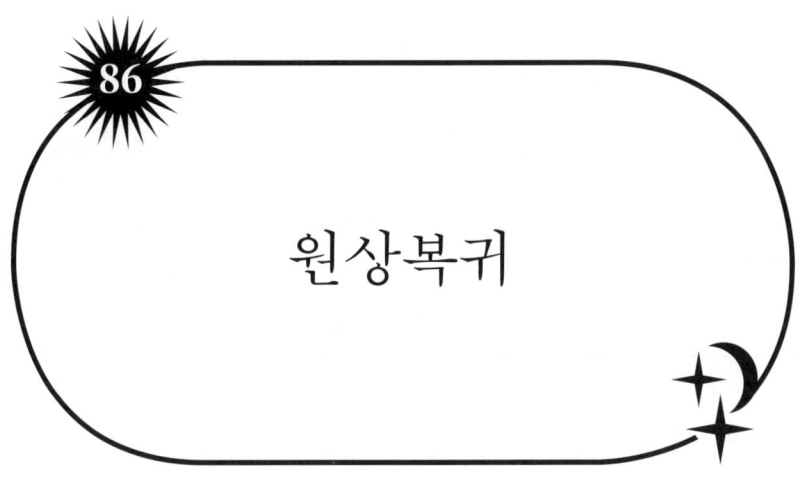

◀《 혼란의 붉은 혓바닥 》▶

"에구머니나, 덜 닦였네. 아저씨, 아직 핏자국이 남아 있잖아요. 조금 더 신경 써서 청소해주세요!"

502호에 사는 여자가 화가 잔뜩 난 채 말했다. 3일이나 지났는데 그날의 충격이 아로새겨진 현장은 잘 지워지지 않는다. 칠순이 넘어 다시 구한 일자리가 아파트 관리인이다. 최 노인에게 이 일자리는 노후를 위한 최선의 선택이었다. 하지만 아파트 관리인도 아무나 하는 게 아니라는 생각이 든다. 그러니까 3일 전 오후 세 시쯤 그는 "쿵" 하는 소리를 듣고 놀라서 사무실에서 뛰쳐나왔다. 그 소리는 생전 처음 듣는 소리였다. 수류탄 터지는 소리보다 더 섬뜩한 느낌의 그 소리는 바로 투신자살자가 땅에 부딪히는 소리였다.

투신자는 그가 익히 알고 있는 인물이었다. 이 아파트에서 가장 예쁜 열여덟 살 소녀 민아였던 것이다.

'왜 투신했을까?'

그날은 수능시험을 일주일 정도 앞둔 때였다. 소녀는 공부를 꽤 잘했다. 그리고 인사성도 참 밝았다.

"아저씨, 안녕하세요. 좋은 하루 보내세요."

그렇게 다정하게 볼 때마다 인사해주던 착한 아이였다. 그런 소녀가 자신이 살던 아파트 10층 베란다에서 몸을 던진 것이다. 그는 소녀의 주검을 발견한 최초의 목격자였다. 참혹하게 산산조각 난 소녀의 몸은 차마 바라볼 수 없을 지경이었다. 세제를 뿌리고 물을 퍼부어도 그 질문에 대한 마땅한 답이 떠오르지 않았다.

"빨리 원상 복귀시켜 주세요! 이거 보기 흉하고 징그러워서 살겠어요?"

부녀회장이 아직도 채 지워지지 않은 소녀의 흔적을 보면서 인상을 찌푸렸다.

이성의 푸른 눈

"날씨 참 좋다!"

베란다에 기대어 선 민아는 티 없이 푸른 오월의 하늘을 바라보았다.

"지금 바라보는 저 하늘이 내가 이 세상에서 마지막으로 바라보는 하늘이구나."

집에는 자신뿐이다. 아빠는 시청공무원이고, 엄마는 잡지사에 다니신다. 오늘 그녀는 학교엘 가지 않았다. 학교에 가는 척하고 아침 일찍 집을 나와서 근처 공원을 배회하다가 부모님이 모두 나가신 후 다시 집으로 돌아온 것이다. 올해 고3인 민아는 전교 2, 3등을 하는 우수 학생이다. 하지만 그녀는 늘 어떤 자괴감을 느끼곤 했다. 요즘 들이 더 큰 갈등을 겪고 있다.

공부를 하면 할수록 자신과는 맞지 않는다는 걸 깨닫게 되었다. 성적이 상위권이어서 친구들은 부럽다고 하지만 그건 자신과는 별개의 일이었다. 단 한 번도 공부로 인해 행복감을 느끼지 못했다.

"민아야, 우린 너만 믿는다. 넌 엄마, 아빠의 하나뿐인 자식이야. 훌륭한 검사가 되어야 해. 알았지? 그건 엄마의 꿈이었거든."

엄마의 꿈. 검사가 되는 것이 지난 3년 동안의 목표였다. 성적도 좋고 내신도 좋아서 당연히 그 꿈을 이룰 수 있을 것이다. 하지만 그녀는 더 이상 다른 이의 꿈을 위해 거짓 인생을 살지 않기로 결심했다.

"난 다시는 원상 복귀되지 않을 거야. 다시는 공부로 인해서 고통받지 않을 거야."

두 눈을 질끈 감고 뛰어내린다. 그것이 소녀의 마지막 모습이었다.

87 디지털 세탁

◀《 혼란의 붉은 혓바닥 》▶

온 국민의 등골을 서늘하게 한 사건이 발생했어. 그건 바로 카드회사의 개인정보 유출사태야. 그 사건으로 말미암아 회원들의 신상이 거의 다 유출되었다고 해도 과언이 아니지. 전화번호, 이름, 주소, 주민등록번호, 금융거래 내역, 부채 현황 등. 그런 사태가 벌어지게 된 건 카드사가 고객정보를 제대로 관리하지 못했기 때문이야. 인터넷은 편리한 부분도 많지만 때로는 이처럼 무분별하게 개인의 신상 명세가 털리기도 하지. 2013년 인터넷 이용자가 무려 4,000만 명이 넘었다고 해. 그럼 영유아와 노년층이 아닌 거의 모든 국민이 인터넷을 사용하고 있다는 말이겠군. 또한 어떤 이들은 인터넷에 노출된 자신의 과거 때문에 곤란한 처지에 빠져 있대.

왜 그럴까? 그 이유는 간단하지. 과거에 자신이 인터넷에 올렸던 글이나 사진 등이 누군가에 의해 발각되어서 법적, 양심적 벌을 받을까봐 그러지. 그래서 요즘 사람들이 하는 게 있대. 디지털 세탁이라나. 그게 뭐냐고? 한마디로 인터넷에 게재된 자신의 글들을 세탁하는 거지. 원치 않는 인터넷상의 글을 깨끗이 지워주는 그런 업체가 성행하고 있대. 말 한마디 잘못 올렸다가 매장당한 사람이 한둘이 아니잖아. 수년 전에 인터넷에 올렸던 한국 비하 발언으로 졸지에 국내 활동을 못하게 된 가수도 있잖아. 그래서 어쩌면 디지털 세탁은 요즘 사람들이 살아남기 위한 최후의 방법일지도 몰라. 과거를 지우지 않으면 자신의 현재가 위협받을 수도 있으니까.

◀《 이성의 푸른 눈 》▶

박 모 씨는 요즘 잠을 못 이루고 있다. 얼마 전에 기가 막힌 일을 당했기 때문이다. 10년 전에 인터넷 블로그에 올렸던 자신의 글이 문제가 된 것이다. 거기에는 철없던 시절에 저질렀던 성추행이 적나라하게 묘사되어 있었다. 그가 십 대 후반에 저지른 미성년자 성추행이 그것이다. 그걸 우연히 발견한 경찰에 의해서 수사를 받고 있는 중이다. 최 모 씨도 5년 전에 무심코 인터넷에 올린 글로 고통받고 있는 중이다. 그는 인터넷 카페에서 활동하던 당시에 자신의 개인정보를 아무런 생각 없이 올렸었다. 그걸 누군가가 악의적인 의도로 이용해서 재산상으로 막대한 손해를 입게 된 것이다.

"디지털 세탁을 하면 거의 모든 흔적을 지울 수 있다고?"

박 모 씨와 최 모 씨는 억울하다. 왜 그걸 이제야 알았단 말인가. 그렇지만 그들이 간과하는 사실이 있다. 그건 디지털 세탁을 받아야 하는 처지에 놓이게 만드는 것은 다른 누가 아닌 자기 자신이라는 점이다. 10년 전에 아이를 성추행했던 박 모 씨, 5년 전에 자신의 개인정보를 세세하게 밝힌 글을 올린 최 모 씨, 그들은 스스로 자신의 인생을 나락으로 내몬 것이다. 잘못된 행동을 저지른 것도, 부주의한 글을 올린 것도 모두 자기 자신이라는 것을 깨닫는 것이 중요하다. 우리는 자신의 과거를 지우는 일에 열을 올리는 삶을 살지 않도록 노력해야 한다. 인터넷에서든 현실에서든 세탁이 필요 없는 과거를 만들어야 한다.

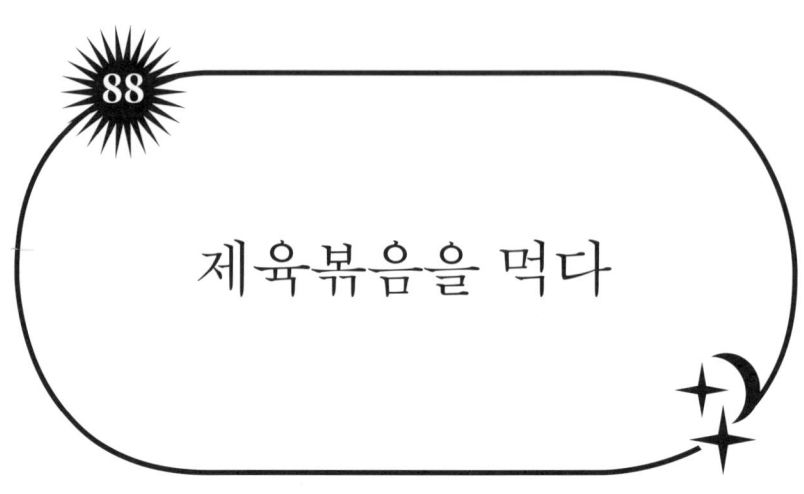

◀《 혼란의 붉은 혓바닥 》▶

난 그렇게 고기를 많이 좋아하는 편은 아니다. 하지만 아예 먹지 않는 채식주의자도 아니다. 그냥 이것저것 아무거나 잘 먹는 편이다. 저녁 반찬으로 제육볶음을 만들었다. 신선한 고기에 양파를 넣고 고추장을 넣고 마늘을 도마에 찧어 넣고 간장과 물엿을 넣고 주물럭거려서 익혀 먹으면 되는 간단한 요리다. 제육볶음은 아들들이 좋아하는 요리이기도 하다. 잡식성에 가까운 나도 싫어

하지는 않는다. 저녁 밥상에 제육볶음을 놓았다. 부지런한 젓가락질이 오가더니 금세 바닥이 드러났다. 제육볶음을 먹다 보면 작은오빠 생각이 난다.

어린 시절 작은오빠와 나는 정말 가까운 사이였다. 어느 날, 우리는 자전거를 타고 시외 쪽으로 놀러갔다. 향긋한 바람이 불고 초록이 만발한 계절이었다. 우리는 신나게 자전거를 탔다. 그런데 어쩌다가 그만 넘어지고 말았다. 나는 무릎이 까여서 피를 보고 말았다. 어린 마음에 오빠를 원망하면서 울음을 터뜨린 나, 작은오빠와 나의 자전거 여행은 그렇게 마무리되고 말았다. 이제 오빠는 한 가정의 가장이다. 서로 성인이 되고 보니 만나서 밥 한 끼 할 시간도 없다. 그러다가 최근에 오빠와 가족들이 우리 집에 잠깐 온 적이 있었다. 난 서둘러 마트에 가서 제일 좋은 고기를 샀나. 그리고 집에 있는 가장 큰 후라이팬에 양념한 고기를 볶았다. 거기에 당면까지 넣었다. 결국 불어터진 당면 탓에 제육볶음은 엉망이 되고 말았다. 하지만 오빠는 삼십 년 전처럼 동생을 향해 따뜻하게 말했다.

"제육볶음이 맛있구나! 정미야."

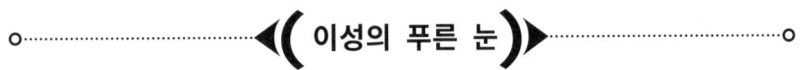

이성의 푸른 눈

"죄송합니다. 이런 말씀 드리게 되어서 안타깝네요. 길어야 3

개월입니다. 말기라서 수술도 못하겠네요. 마음의 준비를 하십시오."

대학병원의 의사는 아주 냉정하게 그렇게 말했다. 그는 최대한 감정을 배제하는 듯했다. 그 말을 듣는 순간 윤 여사는 아무런 생각이 들지 않았다. 이제 자식들도 모두 결혼시켰고, 노후에 남편과 즐겁게 살 생각이었는데 환갑인 그녀에게 이런 청천벽력 같은 일이 벌어질 줄은 생각하지도 못한 것이다.

"췌장암 말기입니다."

그 독하다는 췌장암! 암 중에서도 치사율이 가장 높다는 그 암에 자신이 걸리다니 믿고 싶지 않았다. 하지만 병원을 다녀온 후 열흘 정도 지나자, 비로소 죽음을 받아들이겠다는 마음이 들었다.

윤 여사는 아무렇지 않은 듯이 평소처럼 명랑하게 남편을 깨운다.

"여보, 일어나세요. 식사하셔야죠."

정년퇴직을 하고 택시 일을 하고 있는 남편은 요즘 들어 부쩍 잠이 많아졌다. 자신이 없으면 앞으로 누가 이 남자를 깨워줄까, 생각하니 억장이 무너졌다. 하지만 내색하지 않기로 한다. 남편이 가장 좋아하는 제육볶음이 아침 메뉴다.

"어, 당신 웬일이야? 아침에 제육볶음이라니 하하, 정말 맛있겠다. 고마워. 잘 먹을게."

남편의 얼굴에 함박웃음이 피어났다. 그도 그럴 것이 고기를 싫어하는 윤 여사가 제육볶음을 만드는 일은 매우 드문 일이었기 때문이다. 그녀는 아무 말 없이 식탁에 마주 앉아 남편이 제육볶음을 맛나게 먹는 걸 바라본다.

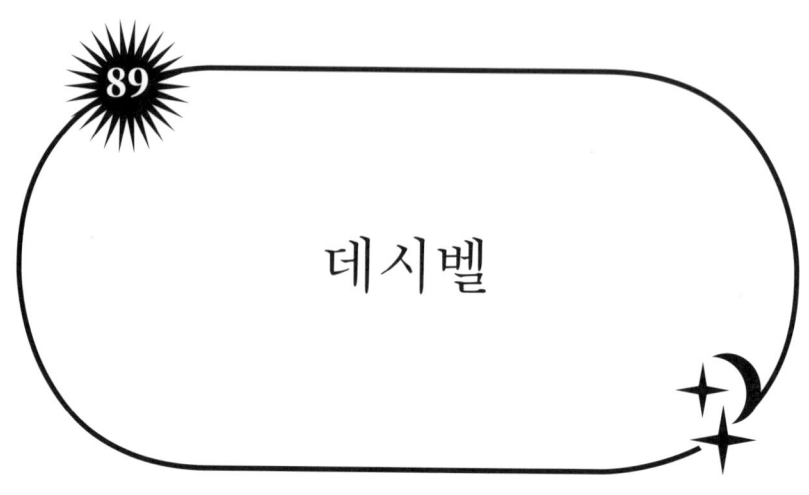

데시벨

◀《 혼란의 붉은 혓바닥 》▶

20대 초반의 나는 몸이 아파서 고향 집에서 요양을 하고 있었다. 아픈 내가 집에서 하는 일이라곤 책을 읽거나, 글을 쓰거나, 텔레비전을 보는 일이 대부분이었다. 그리고 가끔은 라디오를 청취하곤 했다. 그 시절에 라디오에서는 일반인들이 전화로 출연해서 상식을 겨루는 퀴즈프로그램이 유행이었다. 어느 무료한 오후에 난 지역 라디오 방송의 퀴즈프로그램에 전화로 출연하게 되었다. 우연히 신청한 것이 연결된 것이다. 생전 처음 라디오 방송에 전화로 연결된 난 제정신이 아니었다.

'내 목소리가 라디오에서 나오다니!'

너무 떨려서 머릿속이 백지장처럼 하얗게 비어버린 것이다.

"자, 백정미님과 이○○님, 두 분께 문제를 드리겠습니다."

첫 문제를 낸다는 말에 나는 멍해진 머리를 흔들어 정신을 차리려고 했다. 그렇지만 이미 제정신이 아닌 상태였기에 진행자의 말이 전혀 귀에 들어오질 않았다.

"문제 드립니다. 무게를 재는 단위는 킬로그램이 있죠. 그럼 소리를 측정하는 단위는 무엇일까요?"

그 순간 내 머릿속에 떠오르는 단어가 있었다.

'데…… 데……'

도내체 그다음 말이 생각이 나질 않는 것이다.

"데시벨!"

그 말을 외친 건 내가 아니라 이○○님이었다.

"정답입니다!"

난 답을 듣고 한숨을 내쉬었다.

'아는 문제였는데.'

그렇게 생애 처음 라디오 퀴즈 출연은 아쉬운 패배로 마무리되었다. 데시벨이 왜 기억이 안 났던 걸까? 분명히 알고 있었는데 긴장한 나머지 뇌 속이 얼어붙어 버린 게 틀림없다.

이성의 푸른 눈

광규씨는 창문을 열기가 두렵다. 특히 낮 시간대에 창문을 열었다가는 귀가 아파서 참을 수가 없을 정도다. 도로변의 소음 정도가 70데시벨이 넘는다. 정말 불행하게도 광규씨의 집은 8차선 도로 바로 옆에 위치해 있는 것이다. 이 집을 장만하기 위해 군 제대 후에 먹을 것 안 먹고, 입을 것 안 입고 정말 거지같이 생활했었다. 그래서 친한 친구들도 많이 잃었다. 조그만 아파트지만 이 집을 사서 처음 이사 온 날의 기쁨은 말로 형언할 수 없을 정도였다. 그런데 악몽은 그다음 날부터 시작되었다.

무려 80데시벨에 가까운 자동차들의 소음이 그를 괴롭히기 시작한 것이다.

"제 귀가 왜 이럴까요? 잘 들리지가 않습니다. 귀에서 윙윙거리는 소리도 들리고요."

이비인후과에 가서 그는 그렇게 하소연했다.

"지속적으로 소음에 노출되면 이런 증상이 나타날 수 있습니다."

이사를 가지 않는 한, 그는 이 소음을 고스란히 받아들여야만 하는 처지다. 그렇다고 자동차들을 못 다니게 할 수도 없고, 당장 집을 처분하기도 어렵다. 어떻게 살아야 하나. 오늘도 그의 귀는 여전히 난청 중이다. 이젠 자동차 소음만이 문제가 아닌 것이다. 귀가 제 구실을 못하게 되었다. 자신의 목소리도 잘 구별하기가 어려워졌다. 몇 데시벨이어야 내 귀는 편안해질까. 답답한 심정으로 광규씨는 귓구멍에 솜을 틀어 막아본다.

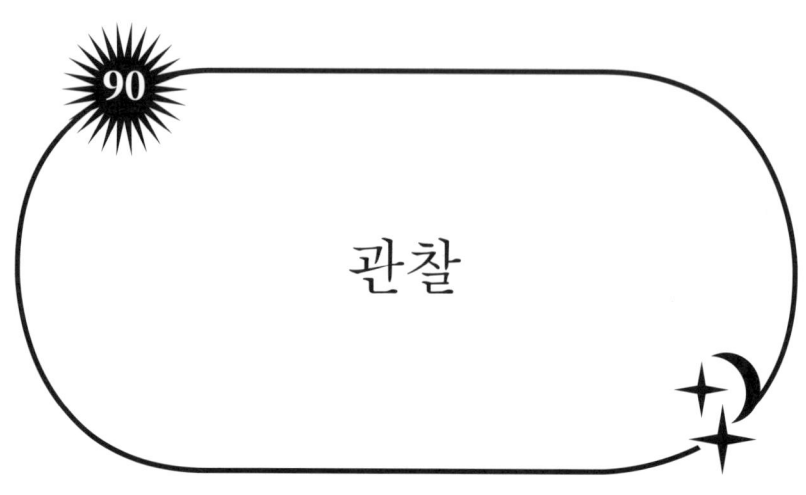

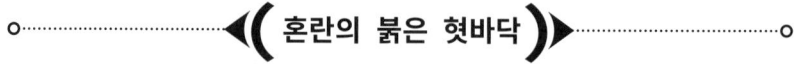

혼란의 붉은 혓바닥

"한 시 차입니다. 15번 출구로 가세요."

차표를 건네면서 매표소 직원이 건조하게 말했다. 나는 고맙다고 가볍게 말하고 차표와 거스름돈을 받아들었다. 아직도 버스가 오려면 사십 분이나 남아 있다. 그 긴 시간 동안 무엇을 할까. 일단 무거운 짐을 들고 낑낑거리면서 15번 출구 쪽으로 향했다. 터미널 안에는 나처럼 다음 차를 기다리는 여행객들로 가득했다. 고속버스 터미널 안에는 별의별 가게가 다 있다. 호두과자를 파는 곳, 김밥 전문점, 약국, 서점, 레스토랑, 빵집 등등 너무나 많아서 일일이 그 종류를 다 헤아리기도 어려울 지경이다.

나는 그런 갖가지 가게 앞을 지나 어느 액세서리 가게 앞에서 잠깐 멈춘다. 그곳에는 화려한 갖가지 장신구들이 진열되어 있었다. 귀걸이를 좋아하지만 얼마 전부터 귀걸이에 알레르기 반응을 일으켜서 귀걸이를 하지 못하는 나는 귀걸이를 구경만 하다 돌아선다. 왜 귀는 귀걸이를 거부하게 된 것일까. 그러다가 15번 출구 앞에서 나는 걸음을 멈춘다. 무거운 짐을 내려놓고 의자에 앉는다. 텔레비전에 시선을 고정시킨 여행자들이 의자를 차지하고 앉아 있었다. 나는 텔레비전을 등지고 앉았다. 텔레비전보다 더 내 관심을 끄는 것은 바로 사람들이었다. 터미널 내를 지나가는 수많은 사람을 관찰하는 일이 내겐 텔레비전을 보는 것보다 설레는 일이었다.

◀《 이성의 푸른 눈 》▶

14번 출구 앞 뒷자리 의자에 앉은 그녀는 나와 시선이 마주칠 때마다 눈웃음을 지었다.

"왜 절 보고 그렇게 다정하게 웃으시는 건가요?"

이렇게 직접 물어보기는 어려웠다. 그러면 그녀가 많이 무안해질 것이기 때문이다. 대신 나도 웃었다. 우리는 그렇게 이십 분 동안 수십 번 눈이 마주쳤고, 눈이 마주칠 때마다 저마다의 개성으로 웃어 보였다. 이십 분 정도 지나자 쉰 후반의 그녀에게 어떤 남자가 다가왔다.

"가자고. 얼른 일어나!"

얼핏 보기에도 그녀의 남편 같아 보이는 그 사람은 매우 거칠게 그녀를 끌고 터미널을 빠져나갔다. 그녀가 걸어갈 때 난 처음으로 그녀가 다리를 약간 절뚝인다는 사실을 알았다. 그녀는 불편한 다리로 남자를 따라가면서 마지막으로 나와 한 번 더 눈을 마주쳤다. 그리고 또 웃었다.

그 남자는 나와 시선이 마주칠 때마다 뭔가 모를 불안한 얼굴이었다. 나는 의도적으로 사람을 관찰하기도 하지만 때로는 상대방이 나를 관찰하기도 한다는 걸 안다. 그 남자가 그랬다. 그 남자는 나를 관찰하고 있었다. 열 시 방향에서도 관찰했고, 세 시 방향에서도 날 유심히 관찰했다. 동남아시아인인 그는 굉장히 불안해 보였다. 그런데 왜 그는 날 관찰했을까. 작업복 차림의 그는 먼 타지에 와서 공장의 노동자로 고단한 삶을 보내고 있는 것 같았다. 얼핏 보니 그는 나만 관찰하는 것은 아니었다. 다른 사람들도 나를 보듯 그렇게 뚫어져라 쳐다보고 있었다. 그런 그를 보면서 나는 한 가지 생각을 했다. 그가 관찰하는 나는 그에게 어떻게 비춰지고 있을까. 그가 나를 관찰할 때마다 나는 내 자신의 밑바닥까지 들키지 않기 위해 남몰래 몸을 움츠렸다.

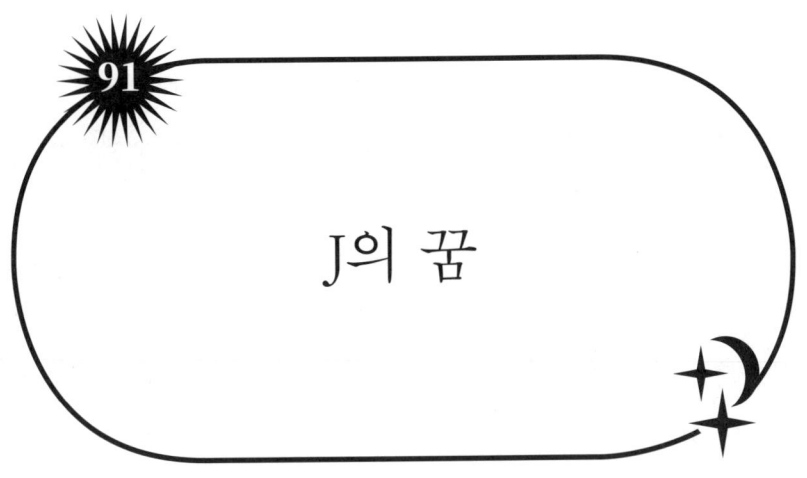

J의 꿈

혼란의 붉은 혓바닥

자꾸만 어떤 소리가 들렸다.

"야비한 녀석, 널 언젠가는 죽일 거야."

그 목소리가 들리기 시작한 건 초등학교 시절이었다. 묘하게 사람의 신경을 거슬리게 하는 그 목소리! J는 그 목소리의 정체를 찾고 싶었다. 도대체 누가 자꾸만 자신에게 그런 유치한 협박을 하는지 궁금했던 것이다. J는 그러나 서른이 된 지금까지도 그 목소리의 정체를 알 수가 없다. 다만 그는 자신이 정신분열증에 걸렸다는 걸 알게 되었을 뿐이다. 그 병의 실체를 접하게 된 건 군대에서였다. 선임들의 지속적인 구타를 당하던 그는 정신병원에 입원하게 된 것이었다.

정신분열증, 정신분열병. 조현병으로 개명된 그 병이 원래 그런 거라고 했다. 헛것이 보이고 헛소리가 들린다고 했다. J는 자신이 정신병에 걸렸다는 사실을 믿을 수가 없었다. 자신은 언제나 정신이 말짱했기 때문이다. 그러고 보니 집안에 정신분열증에 걸린 친척이 있긴 했다. 바로 작은아버지였다. 작은아버지는 지금 대소변도 못 가릴 정도로 정신이 없다. 병원에 입원해 있지만 상태가 매우 심각하다. 그런 작은아버지가 자신과 동일시된다는 것이 화가 났다.

"아니, 난 정신병자가 아니야. 난 그런 병에 걸리지 않았어!"

이렇게 울부짖었던 날이 천 일도 더 된다. 그러나 지금 그는 약을 먹고 있다. 하루 한 번, 하지만 이 약은 근본적으로 이 병을 치료하는 것이 아니다. 다만 뇌 속의 도파민의 양을 정상으로 조절해주는 것이다. 약을 복용한 이후로는 어느 정도 상태가 호전되고 있다. 얼마 전부터 그는 어린 시절부터 소중히 간직해온 자신의 꿈을 이루고 싶어졌다. 이젠 그럴 수 있을 것만 같았기 때문이다.

이성의 푸른 눈

　사람은 누구나 자신만의 꿈을 가지고 산다. J도 자신만의 꿈을 가지고 살아왔다. 무려 삼십 년 동안 가슴속에 품어온 꿈! J의 꿈은 시청의 민원실에서 일하는 공무원이었다. 그는 어린 시절 엄마를 따라 시청에 갈 때마다 민원실에서 친절하게 웃는 공무원을 보면서 자신도 그렇게 되고 싶다는 생각을 하곤 했다. 다행히도 그는 명석했다. 전교 수석을 차지할 만큼 공부를 잘했다. 그는 군대에 가기 전에 명문대에 다니고 있었다. 그때만 해도 공무원이 되는 건 어렵지 않아 보였다. 그런 그가 정신병에 걸린 후부터는 공부라는 것과는 담을 쌓고 살았다. 그건 자의 반, 타의 반이었다.

　"지금은 공부가 중요한 게 아니야. 치료가 중요하지."

　엄마, 아빠는 자식을 위한 마음에 그를 병원에 3년 정도 있게 했다. 그렇게 공부와 담을 쌓고 살아온 시간이 쌓이고 쌓여 자연스럽게 그는 공부하는 것에 흥미를 잃어버렸다.

　그러나 공무원이 되겠다는 그의 꿈은 아직도 현재진행형이다. 공부에 대한 흥미는 잃었지만, 공무원이 되어서 시민들을 위해 봉사하면서 살고 싶은 마음은 여전했다.

　"엄마, 난 공무원이 되고 싶어요."

　이렇게 말하면 엄마는 매우 우울한 낯빛으로 이렇게 말했다.

　"안 돼. 공무원은 불가능한 꿈이야. 넌 아프잖아. 이제 그 말은 그만 좀 해라. 안 된다고 몇 번을 말했니?"

알고 있다. J 역시 정신분열증에 걸린 자신이 공무원 시험을 볼 수 없다는 사실을 너무나 잘 안다. 설령 몰래 숨기고 합격을 한들 무슨 소용이 있겠는가. 이 세상에 영원한 비밀은 없다는 걸 잘 안다. 하지만 J는 오늘도 그 꿈을 가슴속에 소중하게 품고 살아간다. 이 생애에서 못 이룬다면 다음 생애에서라도, 마음만은 언제나 건강하고 활발한 대한민국의 공무원인 것이다.